LES HACHÉS GOURMANDS de Sophie

Sophie Dudemaine
L'Art de Vivre Gourmand

Partez à la découverte de l'univers gourmand de Sophie :
ses livres, recettes, conseils, cours de cuisine, produits gourmets
et une chaleureuse maison d'hôte normande.

www.lamaisondesophie.com

Sophie Dudemaine
La Maison de Sophie
14950 Saint-Étienne-la-Thillaye
Tél. 02 31 65 69 97

Conception graphique : Anne Schlaffmann

Connectez-vous sur :
www.lamartinieregroupe.com

ISBN : 978-2-8307-0968-1

Sophie Dudemaine

LES HACHÉS GOURMANDS de Sophie

Photographies Françoise Nicol
Stylisme Catherine Madani

Minerva

Préface

Si Sophie faisait comme tout le monde, je serais un des premiers à le savoir.

La revoilà donc avec ses hachés gourmands !

Du jamais vu ! Elle ne nous avait pas refait le coup depuis les cakes !

Toutes les occasions sont bonnes pour se lancer dans les hachés gourmands que personne n'a encore réussi à rater. Même pas moi !

Faut dire que ça a été 6 mois de tests intensifs en famille ou entre amis et à ce jour personne ne s'en est plaint.

Une vraie révélation.

Dans ces moments-là, je ne regrette vraiment pas d'être…

... le mari de Sophie.

Sommaire

À la main

Les verrines

Apéritif

Plat principal,
Buffet,
Pique-nique

Accompagnement

Comme une terrine

Les enfants adorent

Desserts
Goûters

Les individuels

Les cercles

Les moules

Thym
SEL ...
La Maison de Sophie

Conseils de Sophie

J'ai tenu à découper ce livre, non pas par saison, mais en 5 chapitres proposant différentes idées de présentation dont vous pourrez vous inspirer selon les ustensiles et la vaisselle que vous aurez à votre disposition.

Comme je suis persuadée que ce livre va lancer une nouvelle tendance et que vous allez réussir vos hachés gourmands à la perfection, appelons-les désormais les HG !

Les HG, c'est pour tout le monde : de 7 mois à 107 ans.

Les HG se congèlent très bien après cuisson, une fois refroidis.

Les HG, c'est bien pour l'apéritif, en entrée, pour un buffet, un pique-nique, en accompagnement d'une soupe, en sandwich, en plat principal…

Réalisez les HG avec vos enfants, ils adoreront mélanger avec leurs mains.

Les HG peuvent se préparer 24 heures à l'avance.

Les HG se mangent aussi bien chauds que froids. Pas besoin de réchauffage si vous n'avez pas de four.

Les HG peuvent être aussi bien gourmands qu'allégés. N'hésitez donc pas à remplacer la crème 40 % de matière grasse par 15 % de matière grasse et le beurre par du beurre à 41 % de matière grasse.

Les HG vous permettront d'inventer de nouvelles recettes. Laissez libre cours à votre imagination dans les associations, l'utilisation des restes, ainsi que tous les ingrédients que vous aurez sous la main.

Les HG conviennent à tous, aussi bien pour les végétariens que pour les mangeurs de viande.

Les HG font manger des légumes aux enfants ! Hachez et mélangez, ni vu ni connu.

Ne mixez pas les viandes et les poissons, car cela les met en bouillie. Utilisez un hachoir électrique ou hachez-les au couteau.

N'hésitez pas à commander vos viandes hachées à votre boucher. Mais utilisez-les impérativement dans la journée.
Un produit haché ne se conserve pas.

Ne mélangez pas trop le HG qui deviendrait alors compact et sec à la cuisson.

Mettez des gants fins jetables pour mélanger le HG, plus hygiénique que les mains.

La cuisson est différente suivant la quantité du HG.

Démoulez et coupez froid le HG, sinon patatras !

Si vous le coupez en tranches, servez-vous d'un couteau électrique.

Mes ustensiles préférés

LE HACHOIR

Pour hacher les herbes, fruits secs, oignons, échalotes, ail, fruits, légumes et poissons, je ne me sépare plus de mon mixeur hachoir Mixxo de Bosch®.

Outre son efficacité, son point fort, c'est qu'il est sans fil. Et alors là, quel bonheur !

De plus un mixeur plongeur l'accompagne pour émulsionner vos sauces, toujours sans fil.

Généralement, je demande à mon boucher ou à mon poissonnier de découper et hacher mes commandes, et je les remercie vivement, car c'est un gain de temps précieux.

Malgré tout, si je dois hacher moi-même la viande, j'ai testé le Micro de Magimix® d'une grande efficacité.

L'ÉPLUCHE TOMATE

Pour moi, c'est une révolution. Plus besoin d'ébouillanter les tomates.

Aussi simple qu'un économe, il épluche, pèle facilement non seulement les tomates, mais aussi les poivrons et tous les fruits à peau fine.

L'ÉPLUCHEUR RASOIR

Cet éplucheur est très pratique pour peler tous les légumes de forme allongée, comme les carottes, courgettes, concombres, asperges…

Il vous servira également à réaliser des tagliatelles de légumes et des copeaux de fromage, comme le parmesan ou l'emmental.

L'ÉPLUCHEUR JULIENNE

Cet ustensile est idéal pour découper les légumes en julienne (fines lamelles).

Aussi bien cuits que crus, vos légumes agrémenteront d'une façon originale tous vos plats.

La cuisson est rapide, et les légumes conservent ainsi toutes les vitamines.

L'ALLIGATOR

Depuis que je connais cet ustensile, toutes mes fricassées de légumes ou mes préparations desserts sont réalisées avec l'alligator.

Il permet de découper en cubes (brunoise) tous les légumes ou les fruits.

Autant vous dire que pour les hachés gourmands cet ustensile est indispensable.

LE TAPIS SILICONE 40X30 CM

Ce tapis de cuisson de De Buyer® m'est devenu indispensable en cuisine.

Il est antiadhésif et remplace le papier cuisson pas toujours efficace.

En attendant l'ouverture prochaine de la boutique de Sophie, vous pourrez acheter tous ces ustensiles sur le site Internet : www.patiwizz.com

LES MOULES EN SILICONE

Ma maman me disait toujours, « acheter pas cher, c'est acheter trop cher », et elle avait raison.
Les moules en silicone ont envahi le marché, mais voici selon moi les deux seules marques qui offrent le rapport qualité prix d'un produit efficace et surtout qui dure !

Les Elastomoules® de De Buyer®

www.debuyer.com

Vous les trouverez sur www.patiwizz.com

Les Flexipan® de Demarle®

www.demarle.fr

Très utile pour déposer vos moules et pour éviter la manipulation de votre grille de four habituelle, je vous conseille d'acheter également la plaque aluminium perforée.

Les moules Flexipan® s'achètent lors de réunions à domicile, mais vous pouvez trouver ceux que j'ai utilisés sur

www.meilleurduchef.com

LES TERRINES MINIATURES ET AUTRES

Toutes passent au four.

En porcelaine
www.revol-porcelaine.fr

En fonte
www.staub.fr

En céramique
www.lecreuset.fr

À la main

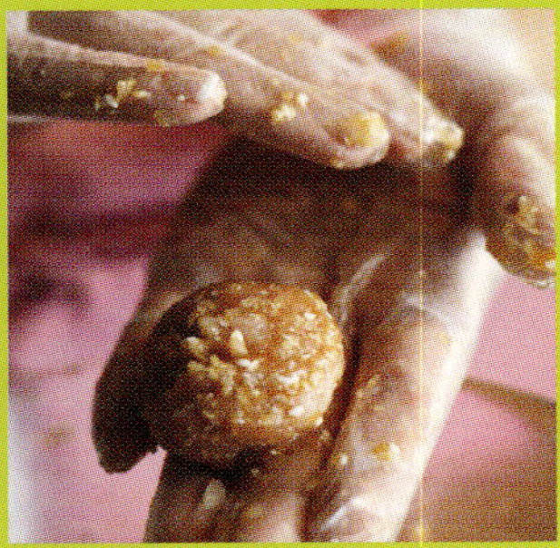

Préparer des boulettes ou des hamburgers ou même des brochettes a toujours été pour ma fille un grand moment de plaisir.

Je ne pouvais donc pas oublier ce chapitre si ludique.

Tout ce qui se prépare à la main, peut se cuire au four ou à la poêle.

L'avantage du four étant l'absence de matière grasse et d'odeur dans la cuisine.

Si on veut des hachés tendres et dorés, rien de tel que la poêle avec un peu de beurre et d'huile.

Afin de mieux façonner vos hachés, humidifiez vos mains. La préparation collera moins.

Je vous conseille également de laisser votre préparation minimum 30 minutes voire 1 heure au réfrigérateur, c'est très important, car le froid va assurer un bon maintien de vos hachés et éviter qu'ils se désagrègent dans la poêle.

N'oubliez pas de les fariner avant de les mettre au réfrigérateur, ils seront encore plus croustillants.

Doublez les quantités de vos boulettes et gardez-en la moitié au congélateur, il n'y aura plus qu'à les décongeler et les cuire.

Apéritif

Plat principal,
Buffet,
Pique-nique

Accompagnement

Comme
une terrine

Les enfants
adorent

Desserts
Goûters

À la main

Tartines de betterave et chèvre

Pour 6 personnes

2 betteraves cuites
1 poire
50 g de cerneaux de noix
200 g de chèvre frais type Petit-Billy®
10 cl de crème liquide
2 cuillerées à soupe de porto rouge
2 cuillerées à soupe de ciboulette ciselée
1 pain de campagne ou autre au choix
sel et poivre du moulin

Préparation

- Coupez en dés les betteraves et la poire épluchée.
- Hachez grossièrement les noix.
- Dans un bol, mélangez le chèvre frais avec la crème, le porto et la ciboulette.
- Salez et poivrez.

Finition

- Préchauffez le four à 180 °C (th. 6).
- Mélangez le chèvre avec les betteraves, la poire et les noix.
- Goûtez et rectifiez l'assaisonnement si nécessaire.
- Étalez la préparation sur des tranches de pain légèrement grillées, et mettez au four pendant 5 minutes.

Le conseil de Sophie

Vous pouvez remplacer le porto par du vinaigre balsamique et les noix par des pignons de pin.

Le plus déco

Posez sur les tartines des petites feuilles d'endives et des brins de ciboulette.

Arrosez d'un filet d'huile d'olive et servez aussitôt.

Brochettes de poulet au soja

À la main

Pour 6 personnes

600 g de blancs de poulet
2 échalotes
1 gousse d'ail
2 cuillerées à soupe de sauce soja Kikkoman®
30 g de beurre
2 œufs
50 g de chapelure
sel et poivre du moulin

Préparation

- Hachez les blancs de poulet.
- Épluchez et hachez les échalotes et l'ail.

Réalisation de la garniture

- Dans un saladier, mélangez le poulet avec les échalotes, l'ail, la sauce soja, les œufs et la chapelure.
- Salez, poivrez, goûtez et rectifiez l'assaisonnement si nécessaire.
- Prenez les brochettes, et avec vos mains, plaquez la préparation autour, en formant comme une saucisse qui enveloppe la tige sur la majorité de sa longueur.
- Mettez au réfrigérateur pendant 30 minutes.

Finition

- Dans une poêle antiadhésive à feu moyen, faites-les dorer dans le beurre de tous les côtés pendant 10 minutes.
- Servez ce HG accompagné de riz.

Le conseil de Sophie

La manipulation des brochettes sera plus facile si elle se fait avec des mains mouillées.

Le plus déco

Pour un buffet, répartissez du riz dans des ramequins ou des verres. Piquez les brochettes dans le riz ou disposez-les autour.

Avec quelle sauce ?

Une sauce aigre-douce (page 164).

À la main

Nems de rougets aux petits légumes

Pour 6 personnes

18 filets de rougets barbets
2 courgettes
1 carotte
$^1/_4$ de chou-fleur
3 cuillerées à soupe de miel
2 oranges
2 cuillerées à soupe d'huile d'olive
1 cuillerée de tapenade verte
10 feuilles de brick
40 g de beurre fondu
2 œufs
50 g de chapelure
sel et poivre du moulin

Préparation

- Retirez les arêtes des filets de rougets. Coupez-les en petits morceaux.
- Lavez les courgettes et émincez-les en julienne.
- Épluchez la carotte et émincez-la en julienne.
- Détaillez le chou-fleur en petits bouquets et mixez-le en semoule.

Réalisation de la garniture

- Dans une sauteuse antiadhésive, mettez les courgettes, la carotte, le chou-fleur, le miel, le jus des oranges avec l'huile. Salez, poivrez et mélangez.
- Couvrez et laissez mijoter à feu doux pendant 15 minutes.

Finition

- Préchauffez le four à 200 °C (th. 6-7).
- Dans un saladier, mélangez les morceaux de rouget avec la garniture, la tapenade, les œufs et la chapelure.
- Salez et poivrez, goûtez et rectifiez l'assaisonnement si nécessaire.
- Détachez délicatement les feuilles de brick et coupez-les en 2. Badigeonnez à l'aide d'un pinceau chaque demi-feuille de beurre fondu des deux côtés.
- Répartissez un peu de HG de rougets au centre. Rabattez les deux extrémités pointues, puis roulez le nem sur lui-même. Déposez les nems au fur et à mesure sur la plaque du four recouverte d'un tapis silicone ou d'un papier sulfurisé.
- Mettez au four pendant 15 minutes jusqu'à ce qu'ils soient bien dorés.

Le conseil de Sophie

Vous pouvez remplacer le rouget par du cabillaud ou du saumon.

Le plus déco

À la sortie du four, entourez les nems de salade et déposez-les dans des verres.

Avec quelle sauce ?

Une sauce aigre-douce (page 164).

À la main

Agneau aux courgettes

Pour 6 personnes

700 g d'épaule d'agneau
3 courgettes moyennes
1 oignon
40 cl de bouillon de volaille (2 tablettes)
100 g de riz long
6 cuillerées à soupe d'herbes hachées (basilic, cerfeuil, coriandre, ciboulette, persil)
2 crottins de Chavignol
3 cuillerées à soupe d'huile d'olive
2 œufs
50 g de chapelure
sel et poivre du moulin

Préparation

- Hachez l'agneau.
- Lavez, essuyez les courgettes et coupez-les en 2 dans le sens de la longueur. À l'aide d'une cuillère à café, enlevez la chair des courgettes et coupez-la en morceaux. Placez les courgettes évidées dans un plat allant au four.
- Épluchez et émincez finement l'oignon.
- Délayez les tablettes de bouillon de volaille dans 40 cl d'eau bouillante.

Réalisation de la garniture

- Dans une sauteuse antiadhésive, faites cuire le riz avec l'oignon, la chair des courgettes et le bouillon de volaille, à feu doux, pendant 15 minutes, en remuant de temps en temps.

Finition

- Préchauffez le four à 180 °C (th. 6).
- Dans un saladier, mélangez l'épaule d'agneau avec la garniture, les herbes, les œufs et la chapelure.
- Salez et poivrez, goûtez et rectifiez l'assaisonnement si nécessaire.
- Répartissez le HG dans les courgettes évidées. Parsemez de fromage de chèvre émietté. Versez l'huile d'olive dessus. Enfournez pendant 20 minutes.
- Servez ce HG accompagné d'une salade verte.

Le conseil de Sophie

Vous pouvez remplacer les courgettes par des aubergines.

Avec quelle sauce ?

Un coulis de tomates, d'herbes ou de poivrons (page 166).

À la main

Tagine d'agneau

Pour 6 personnes

700 g d'épaule d'agneau
2 oignons
2 gousses d'ail
150 g de fruits secs (raisins, pruneaux, abricots)
25 g d'amandes entières
40 cl de jus de veau
1 orange
1 cuillerée à soupe d'huile de tournesol
4 cuillerées à soupe de miel liquide
1 cuillerée à café de raz el hanout
3 cuillerées à soupe d'herbes hachées (menthe et coriandre)
2 œufs
50 g de chapelure
sel et poivre du moulin

Préparation

- Hachez l'agneau.
- Épluchez et hachez les oignons et les gousses d'ail.
- Coupez en petits morceaux les pruneaux et les abricots secs.
- Hachez les amandes et faites-les griller dans une poêle antiadhésive sur feu vif (attention, c'est rapide !).
- Préparez le jus de veau en mélangeant 40 cl d'eau bouillante avec 4 tablettes de jus de veau.
- Pressez l'orange.

Réalisation de la garniture

- Dans une sauteuse, faites revenir dans l'huile, sur feu doux, les oignons et l'ail pendant 5 minutes. Ajoutez les amandes grillées, les raisins, les pruneaux et les abricots secs. Incorporez le miel et mélangez.
- Versez le jus d'orange, le jus de veau et le raz el hanout.
- Mélangez et laissez mijoter sur feu doux pendant 20 minutes.
- Ajoutez les herbes et mélangez.

Finition

- Préchauffez le four à 180 °C (th. 6).
- Dans un saladier, mélangez l'épaule d'agneau avec la garniture, les œufs et la chapelure.
- Salez, poivrez, goûtez et rectifiez l'assaisonnement si nécessaire.
- Formez des boulettes de la taille d'une balle de ping-pong, en les tassant bien, et posez-les au fur et à mesure sur la plaque du four recouverte d'un tapis silicone ou de papier sulfurisé.
- Enfournez pendant 15 minutes.
- Servez ce HG chaud accompagné de semoule de couscous.

Le conseil de Sophie

Vous pouvez également fariner les boulettes et les faire dorer dans une poêle avec un peu d'huile sur feu vif.

Le plus déco

Posez sur les boulettes quelques ronds de feuilles de brick au miel et au sésame (page 167).

À la main

Tomates farcies à la ratatouille

Pour 6 personnes

6 grosses tomates à farcir
2 oignons
3 gousses d'ail
2 poivrons rouges et jaunes
3 courgettes moyennes
2 aubergines
6 cuillerées à soupe d'huile d'olive
4 cuillerées à soupe de basilic ciselé
150 g de dés de feta
250 g de riz
20 cl d'eau
2 œufs
50 g de chapelure
sel et poivre du moulin

Préparation

- Coupez un chapeau à chaque tomate, et évidez-les à l'aide d'une cuillère. Réservez la chair des tomates.
- Épluchez les oignons et l'ail, et émincez-les.
- Épluchez les poivrons à l'aide de l'épluche-tomate et coupez-les en dés.
- Lavez et coupez en dés les courgettes et les aubergines.
- Dans un saladier, mélangez tous les légumes, sauf la chair des tomates.

Réalisation de la garniture

- Dans une sauteuse antiadhésive, faites revenir dans l'huile à feu moyen et sans couvrir toute la préparation pendant 25 minutes.
- Salez, poivrez et mélangez.

Finition

- Préchauffez le four à 180 °C (th. 6).
- Dans un saladier, mélangez les légumes avec le basilic, les dés de feta, les œufs et la chapelure.
- Goûtez et rectifiez l'assaisonnement si nécessaire.
- Farcissez les tomates.
- Dans un plat allant au four, mélangez le riz avec la chair des tomates et l'eau. Salez et poivrez.
- Posez les tomates farcies sur le riz et mettez au four pendant 30 minutes.

Le conseil de Sophie

Pour obtenir des tomates farcies qui se tiennent bien à la cuisson, il faut les faire dégorger. Une fois la tomate vidée de sa chair, salez l'intérieur, puis retournez-la sur du papier absorbant pendant au moins 30 minutes.

Pour la ratatouille, vous pouvez utiliser du surgelé.

Le plus déco

À la place du riz, j'accompagne souvent ce HG d'une salade verte et d'un œuf de caille au plat que je dépose sur les tomates.

À la main

Merguez

Pour 6 personnes

400 g de merguez douces ou fortes
400 g d'épaule d'agneau
1 oignon
3 œufs durs
50 g d'olives noires dénoyautées
2 cuillerées à soupe d'huile d'olive
1/2 boîte de pulpe de tomates (400 g poids net)
1/2 cuillerée à café de harissa
1 cuillerée à soupe d'origan
30 g de beurre
2 œufs
50 g de chapelure
sel et poivre du moulin

Préparation

- Hachez l'agneau et coupez les merguez en petits morceaux.
- Épluchez et hachez l'oignon.
- Écalez les œufs. Découpez-les en petits morceaux, ainsi que les olives dénoyautées.

Réalisation de la garniture

- Dans une sauteuse antiadhésive, faites revenir dans l'huile d'olive l'oignon à couvert pendant 5 minutes. Ajoutez les tomates et la harissa.
- Laissez réduire jusqu'à évaporation presque totale du jus. Ajoutez les tomates et la harissa.

Finition

- Dans un saladier, mélangez l'agneau et les merguez avec la garniture, les œufs durs, l'origan et les olives, les œufs et la chapelure.
- Salez et poivrez, goûtez et rectifiez l'assaisonnement si nécessaire.
- Avec vos mains, formez des boulettes de la taille d'une balle de ping-pong, en les tassant bien.
- Dans une poêle antiadhésive sur feu moyen, faites-les dorer dans le beurre de tous les côtés pendant 5 à 10 minutes.
- Servez avec de la semoule de couscous, du caviar d'aubergines, ou encore avec une salade de tomates aux oignons.

Le conseil de Sophie

Vous pouvez remplacer les merguez par des chipolatas.

Le plus déco

Posez les boulettes du HG de merguez sur des pommes de terre roseval cuites à l'eau, épluchées, creusées légèrement et coupées à la base pour qu'elles tiennent droites.

Avec quelle sauce ?

Un coulis de tomates avec de la coriandre (page 166).

Andouillette au vin blanc

Pour 6 personnes

700 g d'andouillette
3 échalotes
20 cl de vin blanc
2 cuillerées à soupe de moutarde de Meaux
4 cuillerées à soupe de crème fraîche épaisse
3 cuillerées à soupe de persil haché
2 cuillerées à soupe d'huile de tournesol
2 œufs
50 g de chapelure
sel et poivre du moulin

Préparation

- Retirez la peau des andouillettes et coupez la chair en petits morceaux.
- Épluchez et hachez les échalotes.

Réalisation de la garniture

- Dans une sauteuse antiadhésive, faites réduire sur feu vif le vin blanc avec les échalotes jusqu'à réduction presque totale du liquide. Ajoutez la moutarde, puis la crème.
  Laissez de nouveau réduire à feu moyen pendant 3 minutes.

Finition

- Dans un saladier, mélangez les andouillettes avec la garniture, le persil, les œufs et la chapelure.
- Salez et poivrez, goûtez et rectifiez l'assaisonnement si nécessaire.
- Avec vos mains, formez de petites galettes en faisant une boule que vous écrasez en forme de disque de 5 cm de diamètre environ. Mettez au réfrigérateur pendant 30 minutes.
- Dans une poêle antiadhésive à feu moyen, faites dorer dans l'huile les galettes pendant 5 minutes de chaque côté.
- Servez ce HG accompagné d'une salade verte, d'épinards ou d'une purée.

Le plus déco

Découpez une pomme en rondelles pas trop fines. Faites-les dorer rapidement dans du beurre.

Insérez le HG d'andouillette entre deux rondelles de pomme comme un sandwich.

Avec quelle sauce ?

Une sauce moutardée au curry (page 164).

Tacos

Pour 6 personnes

700 g de bœuf haché
2 oignons
3 gousses d'ail
1/2 boîte de maïs
1 boîte 4/4 de tomates pelées (800 g poids net)
2 cuillerées à soupe d'huile d'olive
1 cuillerée à café de cumin en poudre
12 tacos ou fajitas
150 g d'emmental râpé
2 œufs
50 g de chapelure
sel et poivre du moulin

Préparation

- Épluchez et hachez les oignons et les gousses d'ail.
- Égouttez le maïs et les tomates.

Réalisation de la garniture

- Dans une sauteuse antiadhésive, faites revenir, à couvert, dans l'huile, les oignons et l'ail pendant 5 minutes à feu doux. Ajoutez le maïs et les tomates. Saupoudrez de cumin. Salez et poivrez.
- Laissez mijoter à feu doux pendant 20 minutes.

Finition

- Préchauffez le four à 180 °C (th. 6).
- Dans un saladier, mélangez le bœuf avec la garniture, la chapelure et les œufs.
- Salez et poivrez, goûtez et rectifiez l'assaisonnement si nécessaire.
- Remplissez les tacos du HG, saupoudrez d'emmental et mettez au four pendant 10 minutes.
- Servez aussitôt et dégustez à la main accompagné d'une salade verte, de haricots rouges ou de riz blanc.

Le conseil de Sophie

Vous pouvez remplacer le bœuf par du poulet.

Le plus déco

Posez les tacos dans des boîtes à œufs garnies de salade.

Avec quelle sauce ?

Une sauce guacamole (page 165).

Saumon au sirop d'érable

Pour 6 personnes

700 g de filet de saumon sans la peau
4 cuillerées à soupe de sirop d'érable
4 cuillerées à soupe de sauce soja
3 cuillerées à soupe de graines de sésame doré
2 œufs
50 g de chapelure
sel et poivre du moulin

Préparation

- Enlevez les arêtes des filets de saumon, et coupez la chair du poisson en petits morceaux.

Réalisation de la garniture

- Dans un saladier, mélangez le saumon avec le sirop d'érable et la sauce soja.
  Laissez mariner au minimum 1 heure à température ambiante.
- Égouttez.

Finition

- Préchauffez le four à 200 °C (th. 6-7).
- Dans un saladier, mettez le saumon, les œufs et la chapelure.
- Salez, poivrez, goûtez et rectifiez l'assaisonnement si nécessaire.
- Formez à l'aide de 2 petites cuillères des quenelles que vous déposerez au fur et à mesure sur la plaque du four recouverte d'un tapis silicone ou de papier sulfurisé. Parsemez de graines de sésame.
- Mettez au four pendant 1 minute. Le saumon doit être mi-cuit.
- Posez les HG de saumon sur des toasts grillés et servez aussitôt

Le conseil de Sophie

Si vous n'avez pas de sirop d'érable, utilisez du miel liquide.

Le plus déco

Posez une petite quenelle de HG de saumon sur une rondelle de tomate avant la mise au four.

À la sortie du four, déposez le tout sur une rondelle de pomme de terre. Ajoutez quelques œufs de saumon et une pointe de crème fraîche épaisse.

Avec quelle sauce ?

Une sauce vierge (page 165) ou toute sauce pour poisson.

À la main

Thon à la coriandre

Pour 6 personnes

700 g de filet de thon rouge
3 échalotes
3 cuillerées à soupe d'huile d'olive
3 cuillerées à soupe de coriandre hachée
1 cuillerée à soupe de gingembre haché
1 cuillerée à café de piment d'Espelette
2 œufs
50 g de chapelure
sel et poivre du moulin

Préparation

- Coupez le thon en petits morceaux.
- Épluchez et hachez les échalotes.

Réalisation de la garniture

- Dans une sauteuse antiadhésive, faites revenir, à couvert, dans 2 cuillerées à soupe d'huile d'olive, les échalotes à feu doux pendant 2 minutes.

Finition

- Préchauffez le four à 200 °C (th. 6-7).
- Dans un saladier, mélangez le thon avec la garniture, la coriandre, le gingembre, le piment d'Espelette, le reste d'huile d'olive, les œufs et la chapelure.
- Salez et poivrez, goûtez et rectifiez l'assaisonnement si nécessaire.
- Formez à l'aide de 2 petites cuillères des quenelles que vous déposerez au fur et à mesure sur la plaque du four recouverte d'un tapis silicone ou de papier sulfurisé.
- Mettez au four pendant 1 minute. Le thon doit être mi-cuit.
- Posez les HG de thon sur des toasts grillés, décorez-les d'herbes et servez aussitôt.

Le conseil de Sophie

Ne consommez pas de thon qui ne soit parfaitement frais, bien rouge et bien brillant car en s'oxydant la chair du thon produit une toxine mortelle pour l'homme.

Le plus déco

Avant la cuisson au four, posez une petite quenelle de HG de thon sur un rond de riz déjà cuit.

Vous obtiendrez un cercle parfait en moulant le riz cuit dans des moules individuels en silicone.

Avec quelle sauce ?

Une sauce vierge (page 165).

À la main

Poireaux et oignons rouges

Pour 6 personnes

6 blancs de poireaux
3 oignons rouges
2 cuillerées à soupe d'huile de tournesol
20 g de beurre
1 cuillerée à café de curry
10 portions de La Vache qui rit®
15 cl de vin blanc
2 œufs
50 g de chapelure
sel et poivre du moulin

Préparation

- Lavez et émincez finement les blancs de poireaux.
- En conservant la peau, découpez un chapeau sur chaque oignon rouge. À l'aide d'un couteau et d'une cuillère, évidez-les de leur chair, tout en les creusant au maximum.
- Hachez la chair des oignons.
- Plongez les oignons évidés dans de l'eau bouillante salée pendant 5 minutes. Égouttez-les et posez-les dans un plat allant au four.

Réalisation de la garniture

- Dans une sauteuse antiadhésive, dans l'huile et le beurre, faites revenir les oignons avec les poireaux et le curry à feu doux, à couvert, pendant 20 minutes.
- Dans une casserole, à feu doux, faites fondre la Vache qui rit® dans le vin blanc.

Finition

- Préchauffez le four à 180 °C (th. 6).
- Dans un saladier, mettez les poireaux et les oignons.
- Ajoutez le mélange vin blanc, les œufs et la chapelure.
- Salez et poivrez, goûtez et rectifiez l'assaisonnement si nécessaire.
- Répartissez le HG dans les oignons, et mettez au four pendant 15 minutes.

Le conseil de Sophie

Lorsque vous mettez vos légumes prêts à farcir dans le plat, déposez-les partie ouverte vers le bas, afin de laisser s'écouler le jus.

Si vous utilisez des tomates comme récipient, il n'est pas nécessaire de les précuire.

Bœuf aux chips

Pour 6 personnes

500 g de bœuf haché
3 paquets de chips (30 g par paquet)
2 œufs
150 g de farine
2 cuillerées à soupe d'huile de tournesol
sel et poivre du moulin

Préparation

- Écrasez les chips dans leur sachet et mettez-les dans une assiette creuse.
- Dans une autre assiette creuse, battez les œufs.
- Dans une troisième assiette creuse, versez la farine.
- Avec vos mains, formez des boulettes de bœuf haché de la taille d'une balle de ping-pong.

Réalisation et finition

- Commencez par rouler chaque boulette dans la farine, puis dans les œufs et, pour finir, dans les chips afin qu'elles collent partout.
- Dans une poêle antiadhésive à feu moyen, faites dorer dans l'huile les boulettes de tous les côtés.
- Servez ce HG accompagné de pommes de terre sautées, de haricots verts ou d'une salade de tomates.

Le conseil de Sophie

Vous pouvez remplacer les chips par des corn-flakes.

Le plus déco

Découpez à l'aide d'un emporte-pièce ou d'un verre, des petits ronds dans des pains à hamburger. Faites-les griller légèrement et formez des mini-hamburgers avec de la salade, des tomates et les HG de bœuf aux chips. Maintenez le tout à l'aide d'une pique.

Avec quelle sauce ?

Une sauce cocktail (page 165).

À la main

Pommes de terre et raclette

Pour 6 personnes

18 pommes de terre charlotte
200 g de fromage à raclette
2 cuillerées à soupe d'huile de tournesol
20 g de beurre
1 cuillerée à soupe de paprika
2 œufs
50 g de chapelure
2 œufs
50 g de chapelure
sel et poivre du moulin

Préparation

- Épluchez les pommes de terre. Coupez-les en dés.
- Coupez le fromage à raclette en petits dés.

Réalisation de la garniture

- Dans une sauteuse antiadhésive, faites dorer les pommes de terre, à feu moyen, dans l'huile et le beurre pendant 20 minutes.
- Égouttez-les dans une passoire afin de retirer la matière grasse.

Finition

- Préchauffez le four à 180 °C (th. 6).
- Dans un saladier, mélangez les pommes de terre avec la raclette, le paprika, les œufs et la chapelure.
- Salez et poivrez, goûtez et rectifiez l'assaisonnement si nécessaire.
- Avec vos mains, formez de petites galettes en faisant une boule que vous écrasez en forme de disque de 10 cm de diamètre environ.
- Déposez chaque galette sur la plaque du four recouverte d'un tapis silicone ou d'un papier sulfurisé.
- Mettez au four pendant 20 minutes.
- Servez ce HG accompagné de jambon ou d'un œuf au plat.

Le conseil de Sophie

Vous pouvez remplacer les pommes de terre par des carottes ou des panais, et la raclette par un fromage à pâte pressée non cuite de votre choix (cantal, tomme, saint-nectaire…).

Le plus déco

Donnez à une tranche de jambon blanc ou cru des formes spéciales (nounours, étoile, lapin, chat…), soit avec un emporte-pièce, soit avec un couteau.

Creusez le haut d'une pomme de terre, maintenez-la debout à l'aide de petites piques en bois : cela vous servira de support à mouillettes pour les œufs.

À la main

Dinde cordon-bleu

Pour 6 personnes

600 g de filets de dinde

200 g de dés de jambon blanc ou cru

200 g de dés d'emmental

20 g de beurre

2 cuillerées à soupe d'huile de tournesol

2 œufs

50 g de chapelure

sel et poivre du moulin

Préparation

- Coupez les filets de dinde en petits morceaux.

Réalisation et finition

- Dans un saladier, mélangez la dinde avec les dés de jambon et d'emmental, les œufs et la chapelure.
- Salez et poivrez, goûtez et rectifiez l'assaisonnement si nécessaire.
- Avec vos mains, formez de petites galettes en faisant une boule que vous écrasez en forme de disque de 10 cm de diamètre environ.
- Dans une poêle antiadhésive, faites fondre le beurre avec l'huile à feu moyen.
- Une fois la poêle bien chaude, déposez les hachés gourmands, et faites-les dorer environ 4 minutes de chaque côté.
- Servez ce HG accompagné de pommes de terre sautées, de purée de pommes de terre ou de salade verte.

Le conseil de Sophie

Vous pouvez remplacer la dinde par du poulet ou du veau, et l'emmental par de la mozzarella.

Avec quelle sauce ?

Un coulis de tomates (page 166).

À la main

Rochers pralinés au coco

Pour environ 20 bouchées

1 tablette de 200 g de chocolat Pralinoise Nestlé®

150 g de pâte à tartiner chocolat

70 g (1/2 paquet) de crêpes dentelles Gavottes®

50 g de noisettes

50 g d'amandes

20 g de poudre de noix de coco

Préparation

- Hachez grossièrement les noisettes et les amandes.
- Émiettez grossièrement les crêpes dentelles.
- Coupez le chocolat en morceaux.

Réalisation de la garniture

- Dans un bol, faites fondre au micro-ondes – ou au bain-marie – le chocolat praliné avec la pâte à tartiner. Mélangez.

Finition

- Ajoutez au chocolat fondu, les amandes, les noisettes, la poudre de noix de coco et les crêpes dentelles. Mélangez rapidement.
- À l'aide d'une cuillère, formez des boules régulières sur une plaque recouverte d'un tapis silicone ou d'un papier sulfurisé. Mettez au réfrigérateur, jusqu'à ce que les rochers durcissent.

Le conseil de Sophie

Le mélange chocolat et garniture doit se faire rapidement, car les crêpes dentelles risqueraient de se ramollir.

Le plus déco

Réalisez des colliers de rochers, en enfilant rochers, noisettes, amandes, fèves de chocolat, à l'aide d'un fil et d'une aiguille. Bonne idée pour votre sapin de Noël !

Les verrines

Verres et verrines, oubliez les assiettes, les petits plats et les grands, pour des présentations faciles, pratiques et originales.

Devenu très à la mode depuis la parution du livre, *Les Verres gourmands*, de mon ami Benoît Molin, ce mode de préparation présente beaucoup d'avantages.

Prêts à être réchauffés et servis directement de la cuisine à la table sans autre préparation, vous pourrez laisser libre cours à votre créativité.

De plus, il n'est pas toujours nécessaire d'ajouter au HG les œufs et la chapelure, car point de découpage ! Point de dressage sur assiette de dernière minute ! Un bonheur !

Seule précaution, n'utilisez que du verre allant au four et jamais directement du froid au chaud sinon gare à la casse !

Tout en transparence, le verre vous permet de jouer avec les superpositions de couleurs et de mettre en valeur vos réalisations. Osez vos propres mises en scène !

Vos HG se transporteront partout, à table, à l'apéritif ou sur un buffet, vous en raffolerez !

Ce que j'utilise

Les bocaux à conserve, les pots à confiture, les pots de yaourt, les petits bocaux, Duralex®, Arcoroc®, Pyrex®, les pots Weck®, et les petits photophores à bougies de chez Ikea®.

Apéritif

Plat principal,
Buffet,
Pique-nique

Accompagnement

Comme une terrine

Les enfants adorent

Desserts Goûters

Thon à la noix de coco

Pour 6 personnes

700 g de filet de thon rouge
1 oignon
2 petites courgettes
3 cuillerées à soupe d'huile d'olive
1 cuillerée à soupe de curry
3 cuillerées à soupe de coriandre hachée
3 cuillerées à soupe de noix de coco râpée
sel et poivre du moulin

Préparation

- Coupez le thon en petits morceaux.
- Épluchez et hachez l'oignon.
- Lavez et coupez en julienne les courgettes.

Réalisation de la garniture

- Dans une sauteuse antiadhésive, faites revenir dans l'huile, et à couvert, l'oignon à feu doux pendant 5 minutes.
  Ajoutez les courgettes et le curry.
  Couvrez et laissez mijoter 15 minutes à feu moyen.

Finition

- Préchauffez le four à 180 °C (th. 6).
- Dans un saladier, mélangez le thon avec la coriandre et la noix de coco.
- Salez et poivrez, goûtez, et rectifiez l'assaisonnement si nécessaire.
- Répartissez dans 6 verres une couche de thon et une couche de garniture à la courgette. Renouvelez l'opération une fois.
- Mettez au four pendant 2 minutes.
- Servez ce HG chaud ou à température ambiante.

Le conseil de Sophie

Avec du saumon ou du crabe, c'est également délicieux !

Le plus déco

Placez les verres dans des demi-coques de noix de coco vides et déposez autour des morceaux de pulpe de coco.

Avec quelle sauce ?

Une sauce à la purée d'amandes (page 166).

Noix de saint-jacques aux carottes en aigre-doux

Pour 6 personnes

18 noix de saint-jacques
300 g de carottes fanes
20 g de beurre
1 cuillerée à soupe de miel liquide
2 cuillerées à soupe de cerfeuil haché
sel et poivre du moulin

Préparation

- Pelez et coupez les carottes en dés.
- Nettoyez à l'eau froide les noix de saint-jacques, puis essuyez-les bien. Coupez-les en dés.

Réalisation de la garniture

- Mettez les dés de carottes dans une casserole. Versez de l'eau juste à hauteur avec le beurre et le miel.
  Salez et poivrez.
  Faites cuire les carottes à feu doux environ 10 minutes jusqu'à ce qu'elles soient fondantes. Ajoutez le cerfeuil.

Finition

- Préchauffez le four à 200 °C (th. 6-7).
- Répartissez dans 6 verres une couche de noix de saint-jacques et une couche de garniture aux carottes. Renouvelez l'opération une fois.
- Enfournez pendant 2 minutes.
- Servez ce HG chaud.

Le conseil de Sophie

Si vous souhaitez manger le corail des noix de saint-jacques, pensez à piquer la partie jaune orangée avec une aiguille avant la cuisson afin que le corail n'éclate pas.

Avec quelle sauce ?

Une sauce au porto (page 165).

Râble de lapin aux olives

Pour 6 personnes

6 râbles de lapin de 150 g
100 g d'olives vertes
200 g de tomates cerises
2 cuillerées à soupe d'huile d'olive
200 g de pousses d'épinards
150 g de chèvre frais type Petit Billy®
sel et poivre du moulin

Préparation

- Désossez les râbles et hachez-les en petits morceaux.
- Coupez les olives dénoyautées en morceaux, ainsi que les tomates.

Réalisation de la garniture

- Dans une sauteuse antiadhésive, à feu vif, faites revenir dans 1 cuillerée à soupe d'huile les pousses d'épinards pendant 2 minutes.
  Salez et poivrez.
- Retirez-les de la sauteuse et posez-les sur du papier absorbant afin qu'ils s'égouttent au maximum.
- Dans la même sauteuse, faites revenir dans 1 cuillerée à soupe d'huile les tomates et les olives pendant 3 minutes à feu moyen. Salez et poivrez.

Finition

- Préchauffez le four à 180 °C (th. 6).
- Répartissez dans 6 verres une couche de râble de lapin, une couche d'olives vertes, une couche de tomates, une couche de chèvre et, pour finir des pousses d'épinards.
- Enfournez pendant 20 minutes.
- Servez ce HG tiède ou à température ambiante.

Le conseil de Sophie

Vous pouvez remplacer le chèvre par du saint-marcellin.

Le plus déco

Enveloppez chaque verre de feuilles d'épinards maintenues par du raphia.

Avec quelle sauce ?

Un coulis d'herbes (page 166).

Asperges au parmesan

Pour 6 personnes

24 asperges vertes
6 fines tranches de jambon cru
40 g de pignons de pin
80 g de parmesan
2 cuillerées à soupe d'huile d'olive
poivre du moulin

Préparation

- Coupez les queues des asperges, puis détaillez-les en 4 dans le sens de la longueur. Émincez-les.
- Coupez le jambon en petits morceaux.
- Hachez grossièrement les pignons de pin.
- À l'aide d'un économe, râpez le parmesan en copeaux.

Réalisation de la garniture

- Dans une sauteuse antiadhésive, faites revenir dans l'huile les asperges, à couvert, à feu moyen pendant 10 minutes.

Finition

- Préchauffez le four à 180 °C (th. 6).
- Dans un saladier, mélangez les asperges avec les copeaux de parmesan, le jambon et les pignons de pin.
- Poivrez, goûtez, et rectifiez l'assaisonnement si nécessaire.
- Répartissez le HG dans 6 verres. Enfournez pendant 5 minutes.
- Servez ce HG tiède ou à température ambiante.

Le conseil de Sophie

Les asperges vertes ne s'épluchent pas. Vous pouvez utiliser des asperges surgelées.

Le plus déco

Posez sur chaque verre une pointe d'asperge entourée d'un morceau de jambon noué avec une fine asperge sauvage, ou bien une fine tranche d'asperge crue coupée à l'économe.

Avec quelle sauce ?

Une sauce pesto (page 164).

Homard aux asperges et aux morilles

Pour 6 personnes

2 homards de 500 g chacun
12 asperges blanches ou vertes (surgelées ou fraîches)
40 g de morilles séchées
2 échalotes
30 g de beurre
15 cl de vin blanc
20 cl de crème liquide
2 cuillerées à soupe de ciboulette ciselée
sel et poivre du moulin

Préparation

- Dans un faitout d'eau bouillante salée, faites cuire les homards pendant 10 minutes, puis laissez-les refroidir. Décortiquez-les et coupez-les en petits morceaux.
- Épluchez les asperges blanches à l'aide d'un économe.
- Couvrez les morilles d'eau tiède afin qu'elles se réhydratent. Au bout de 30 minutes, égouttez-les et rincez-les abondamment. Séchez-les et coupez-les en petits morceaux.
- Pelez et hachez les échalotes.
- Faites cuire les asperges blanches pendant 12 minutes et les vertes 8 minutes environ à l'eau bouillante salée. Égouttez-les et essuyez-les.
  Coupez-les en petits morceaux en ôtant les parties dures.

Réalisation de la garniture

- Dans une sauteuse antiadhésive, faites revenir les échalotes dans le beurre, à feu doux, pendant 3 minutes. Incorporez les morilles et le vin blanc. Laissez réduire durant 5 minutes.
- Ajoutez les asperges, la crème liquide et poursuivez la cuisson pendant 5 minutes. Parsemez de ciboulette.
- Salez et poivrez, goûtez, et rectifiez l'assaisonnement si nécessaire.

Finition

- Préchauffez le four à 180 °C (th. 6).
- Répartissez dans 6 verres une couche de homard et une couche de garniture aux asperges.
- Renouvelez l'opération une fois.
- Mettez au four pendant 5 minutes.
- Servez ce HG chaud.

Le conseil de Sophie

Et si vous versiez directement ce HG sur des pâtes ?

Avec quelle sauce ?

Une sauce bisque (page 165) avec les carapaces des homards, miam !

Surprise aux petits légumes

Pour 6 personnes

700 g de rumsteck

2 cuillerées à soupe d'huile d'olive

1 paquet de légumes brunoise surgelés Picard® (courgette, céleri, carotte)

4 cuillerées à soupe d'herbes hachées (basilic, persil, cerfeuil, ciboulette…)

1 rouleau de pâte feuilletée prête à dérouler

1 jaune d'œuf + 1 cuillerée à café d'eau

sel et poivre du moulin

Préparation

- Coupez la viande en petits morceaux.

Réalisation de la garniture

- Dans une sauteuse antiadhésive, faites revenir dans l'huile d'olive et à couvert, à feu doux, les légumes pendant 5 minutes. Salez et poivrez.
- Ajoutez les herbes et mélangez.
- Déroulez la pâte feuilletée. Découpez 6 ronds d'un diamètre légèrement supérieur à celui de vos verres. Badigeonnez chaque rond de jaune d'œuf battu avec un peu d'eau, et dessinez quelques traits avec la pointe d'un couteau.

Finition

- Préchauffez le four à 180 °C (th. 6).
- Répartissez dans 6 verres une couche de viande et une couche de légumes.
- Renouvelez l'opération une fois.
- Couvrez le verre d'un rond de pâte feuilletée en le faisant bien coller à la paroi.
- Mettez au four pendant 10 minutes.
- Servez ce HG chaud accompagné d'une salade verte.

Le conseil de Sophie

Vous pouvez remplacer la brunoise de légumes par une ratatouille.

Le plus déco

Découpez dans les chutes de pâte feuilletée quelques bandes de pâte et enroulez-les autour du verre comme un joli ruban.

Avec quelle sauce ?

À la sortie du four, cassez le feuilletage et versez un peu de sauce pesto (page 164).

Veau au gorgonzola

Pour 6 personnes

700 g de veau
$^1/_2$ bulbe de fenouil
600 g d'épinards
20 g de noisettes
100 g de gorgonzola
20 g de beurre
1 cuillerée à soupe d'huile d'olive
2 cuillerées à soupe de persil haché
1 cuillerée à soupe de moutarde
sel et poivre du moulin

Préparation

- Lavez et émincez finement le fenouil.
- Retirez la queue des épinards. Passez les feuilles sous l'eau froide et essuyez-les.
- Hachez grossièrement les noisettes.
- Découpez en petits morceaux le gorgonzola.
- Hachez le veau.

Réalisation de la garniture

- Dans une sauteuse antiadhésive, faites fondre le beurre. Ajoutez les épinards et faites-les revenir durant 3 minutes à feu moyen. Égouttez-les sur du papier absorbant. Hachez-les.
- Dans la même sauteuse, faites revenir à feu moyen et à couvert dans l'huile le fenouil pendant 15 minutes.

Finition

- Préchauffez le four à 180 °C (th. 6).
- Dans un saladier, mélangez le veau avec la garniture, le gorgonzola, le persil, les noisettes et la moutarde.
- Salez et poivrez, goûtez, et rectifiez l'assaisonnement si nécessaire.
- Répartissez le tout dans 6 verres et enfournez pendant 15 minutes.
- Servez ce HG chaud accompagné de pâtes fraîches ou de gnocchi.

Le conseil de Sophie

Vous pouvez remplacer le gorgonzola par du roquefort ou du chèvre, et les noisettes par des pignons de pin.

Le plus déco

Déposez les verres dans des ramequins remplis de noisettes entières.

Pintade aux escargots

Pour 6 personnes

1 pintade
300 g d'escargots en boîte
300 g de champignons de Paris
2 échalotes
3 gousses d'ail
2 cuillerées à soupe d'huile de tournesol
30 g de beurre
3 cuillerées à soupe de persil haché
sel et poivre du moulin

Préparation

- Désossez et coupez en petits morceaux la pintade.
- Épluchez et hachez les échalotes et l'ail.
- Retirez le pied terreux des champignons, passez-les sous l'eau froide, essuyez-les, puis coupez-les en petits morceaux.
- Coupez les escargots en petits morceaux.

Réalisation de la garniture

- Dans une sauteuse antiadhésive, faites chauffer l'huile à feu vif. Faites dorer les champignons pendant 8 minutes. Puis, ajoutez le beurre, les échalotes, le persil, l'ail et les escargots.
- Mélangez et laissez cuire encore 30 secondes à feu moyen.
- Salez, poivrez, goûtez et rectifiez l'assaisonnement si nécessaire.

Finition

- Préchauffez le four à 180 °C (th. 6).
- Dans chaque verre, mettez une couche de pintade et une couche de garniture, puis renouvelez l'opération.
- Enfournez pendant 15 minutes.
- Servez ce HG chaud.

Le conseil de Sophie

Vous pouvez remplacer les champignons de Paris par des cèpes, c'est encore meilleur !

Le plus déco

Entourez chaque verre de feuilles de persil maintenues par un joli fil ou un raphia.

Avec quelle sauce ?

Un coulis d'herbes (page 166).

Porc aux olives et aux câpres

Pour 6 personnes

800 g d'échine de porc
2 oignons
2 gousses d'ail
30 cl de bouillon de volaille
2 cuillerées à soupe d'huile
15 olives vertes
1 cuillerée à soupe de concentré de tomates
1 boîte 4/4 de tomates pelées
2 cuillerées à soupe d'origan
1 cuillerée à soupe de câpres
2 œufs
50 g de chapelure
sel et poivre du moulin

Préparation

- Hachez l'échine de porc.
- Épluchez et hachez les oignons et l'ail.
- Délayez 2 tablettes de bouillon de volaille dans 30 cl d'eau bouillante.

Réalisation de la garniture

- Dans une sauteuse antiadhésive, faites revenir dans l'huile à feu doux et à couvert les olives dénoyautées, l'ail et l'oignon pendant 5 minutes. Ajoutez le concentré de tomates, les tomates pelées et l'origan. Mélangez.
- Versez le bouillon de volaille et laissez réduire à feu moyen pendant 15 minutes.

Finition

- Préchauffez le four à 180 °C (th. 6).
- Dans un saladier, mettez l'échine de porc avec la garniture, les câpres, les œufs et la chapelure. Mélangez.
- Salez et poivrez, goûtez, et rectifiez l'assaisonnement si nécessaire.
- Versez le HG dans des pots de confiture ou des bocaux.
- Enfournez pendant 20 minutes.
- Servez ce HG froid accompagné de pain grillé et de cornichons.

Le conseil de Sophie

Vous pouvez remplacer le porc par du veau.

Le plus déco

Un joli ruban, une belle étiquette, voilà une idée cadeau !

Canard aux abricots secs

Pour 6 personnes

5 cuisses de canard
2 pêches fraîches
50 g d'abricots secs
50 g de pistaches vertes non salées
50 g de pignons de pin
1 cuillerée à café de paprika
2 cuillerées à soupe de persil haché
2 œufs entiers
50 g de chapelure
sel et poivre du moulin

Préparation

- Désossez et hachez les cuisses de canard.
- Pelez les pêches, dénoyautez-les. Coupez-les en dés.
- Coupez les abricots secs en dés.
- Hachez grossièrement les pistaches et les pignons.

Réalisation et finition

- Préchauffez le four à 180 °C (th. 6).
- Dans un saladier, mélangez le canard avec les fruits secs, les pêches, le paprika et le persil, les œufs et la chapelure.
- Salez et poivrez, goûtez, et rectifiez l'assaisonnement si nécessaire.
- Répartissez le HG dans des pots de confiture ou des bocaux.
- Enfournez pendant 25 minutes.
- Laissez refroidir.
- Servez ce HG froid accompagné de pain grillé et de salade.

Le conseil de Sophie

Vous pouvez remplacer les pêches et les abricots par des figues et le paprika par 2 cuillerées à soupe de porto.

Le plus déco

Il existe dans les magasins de loisirs et créations de nombreux stickers (autocollants). N'hésitez pas à vous en servir pour décorer vos bocaux et vos pots de confiture.

Avec quelle sauce ?

Un chutney à l'abricot (page 166).

Souris d'agneau aux aubergines

Pour 6 personnes

700 g de souris d'agneau
3 aubergines
1 oignon
2 gousses d'ail
4 cuillerées à soupe d'huile d'olive
1 cuillerée à café de cumin
2 cuillerées à soupe de coriandre hachée
100 g de parmesan râpé
2 œufs
50 g de chapelure
fleur de sel et poivre du moulin

Préparation

- Hachez l'agneau.
- Coupez les aubergines en tranches dans le sens de la longueur, puis recoupez-les en dés. Dans une passoire, saupoudrez-les de fleur de sel et laissez-les dégorger pendant 30 minutes. Rincez les dés d'aubergine sous l'eau et séchez-les dans un torchon ou avec du papier absorbant.
- Pelez et hachez l'oignon et l'ail.

Réalisation et finition

- Dans une sauteuse antiadhésive, faites revenir les aubergines et l'oignon, dans l'huile, à feu moyen, pendant 15 minutes. Ajoutez l'ail. Salez et poivrez. Mélangez et retirez du feu.

Réalisation et finition

- Préchauffez le four à 180 °C (th. 6).
- Dans un saladier, mélangez l'agneau avec la garniture, le cumin, le parmesan, la coriandre, les œufs et la chapelure.
- Salez et poivrez, goûtez, et rectifiez l'assaisonnement si nécessaire.
- Répartissez le HG dans des pots de confiture ou des bocaux.
- Enfournez pendant 25 minutes.
- Laissez refroidir.
- Servez ce HG froid accompagné de pain grillé.

Le conseil de Sophie

Plus l'aubergine et la courgette sont petites, meilleures elles sont !

Avec quelle sauce ?

Un coulis de poivrons (page 166) ou de tomates (page 166).

Fenouil, tomates et olives

Pour 6 personnes

2 bulbes de fenouil
6 tomates grappe
100 g d'olives noires
150 g de mimolette
2 gousses d'ail
30 g de beurre
2 cuillerées à soupe d'huile d'olive
1 cuillerée à café de thym
20 cl de Noilly Prat®
sel et poivre du moulin

Préparation

- Épluchez et coupez en petits morceaux le fenouil.
- À l'aide de l'épluche-tomate, épluchez les tomates. Épépinez-les et coupez-les en petits morceaux.
- Coupez les olives dénoyautées en rondelles et la mimolette en morceaux.
- Épluchez et hachez les gousses d'ail.

Réalisation de la garniture

- Dans une sauteuse antiadhésive, faites fondre le beurre avec l'huile, à feu moyen.
- Faites revenir le fenouil à couvert pendant 20 minutes. Puis ajoutez les tomates, le thym, l'ail et le Noilly Prat®.
- Salez, poivrez, et laissez mijoter à feu doux pendant 15 minutes.

Finition

- Préchauffez le four à 180 °C (th. 6).
- Répartissez dans des bocaux une couche de garniture à la tomate, une couche d'olives noires et terminez par la mimolette.
- Mettez au four pendant 10 minutes.
- Servez ce HG chaud ou à température ambiante pour accompagner les poissons, les volailles et les viandes blanches.

Le conseil de Sophie

L'aubergine peut remplacer le fenouil et le chèvre la mimolette.

Le plus déco

Les bocaux servent de récipients pour le service, ils peuvent convenir pour 2 ou 4 personnes, selon leur taille.

Printanier à l'estragon

Pour 6 personnes

200 g d'asperges vertes
200 g de pois gourmands
200 g de brocolis
200 g de petits pois
4 petits oignons blancs
3 cuillerées à soupe d'huile d'olive
200 g d'allumettes de lardons fumés
10 cl de vin blanc
2 cuillerées à soupe d'estragon haché
sel et poivre du moulin

Préparation

- Émincez les asperges vertes et les pois gourmands.
- Étêtez les brocolis et coupez-les en petits morceaux.
- Épluchez et émincez les oignons.

Réalisation de la garniture

- Dans une sauteuse antiadhésive, faites dorer dans l'huile à feu moyen les oignons et les lardons.
  Ajoutez tous les légumes et l'estragon. Versez le vin.
  Mélangez et laissez mijoter à couvert, pendant 15 minutes, à feu doux.
  Salez et poivrez.

Finition

- Préchauffez le four à 180 °C (th. 6).
- Répartissez le HG dans 6 verres, et mettez au four pendant 5 minutes.
- Servez ce HG tiède accompagné de viande blanche ou de poisson grillé.

Le conseil de Sophie

Vous pouvez utiliser des légumes surgelés.

Le plus déco

Découpez une bande de scotch double face de la taille de votre choix et collez-la sur le verre.

Vous n'avez plus qu'à accrocher les légumes frais en variant les couleurs (petits pois, radis, haricots verts, tomate cerise…).

Pommes et spéculoos

Pour 4 personnes

4 pommes goldens ou Boskoop

80 g de spéculoos

30 g de beurre

40 g de sucre en poudre

1 cuillerée à café de cannelle (facultatif)

40 g de raisins secs (blonds ou noirs de Corinthe)

2 œufs

Préparation

- Épluchez et coupez en tranches puis en dés les pommes.
- Réduisez les spéculoos en chapelure.

Réalisation de la garniture

- Dans une sauteuse antiadhésive, faites fondre le beurre avec le sucre. Ajoutez les pommes, la cannelle, et faites-les dorer à feu moyen pendant 5 minutes.

Finition

- Préchauffez le four à 180 °C (th. 6).
- Dans un saladier, mélangez la garniture de pommes, les biscuits, les raisins et les 2 œufs entiers.
- Répartissez le tout dans 4 verres ou dans un pot à confiture.
- Enfournez pendant 15 minutes.
- Servez ce HG tiède ou froid, accompagné d'une glace caramel au beurre salé.

Le conseil de Sophie

Poire, figue, prune remplaceront volontiers les pommes.

Avec quelle sauce ?

Une sauce caramel beurre salé (page 167).

Fraises et chocolat blanc

Pour 6 personnes

600 g de fraises
150 g de chocolat blanc
70 g de brioche (1 brioche individuelle)
1 citron vert
15 g de sucre
2 œufs entiers
1/2 cuillerée à café de vanille en poudre

Préparation

- Prélevez le zeste du citron. Pressez le jus.
- Réduisez la brioche en chapelure.
- Coupez les fraises en petits morceaux.
- Râpez le chocolat blanc.

Réalisation et finition

- Préchauffez le four à 180 °C (th. 6).
- Dans un saladier, mélangez les fraises, le chocolat blanc, la vanille, le sucre, le jus et le zeste du citron, la brioche et les 2 œufs entiers.
- Répartissez le tout dans 6 verres.
- Enfournez pendant 15 minutes.
- Servez ce HG froid.

Le conseil de Sophie

Vous pouvez remplacer les fraises par le fruit de votre choix (framboise, pêche…).

Le plus déco

À l'aide d'un économe, réalisez avec une tablette de chocolat blanc de jolis copeaux.

Déposez-les sur le HG de fraises une fois refroidi.

Avec quelle sauce ?

Un coulis de fraises (page 166).

Myrtilles et citron

Pour 4 personnes

250 g de myrtilles (fraîches ou surgelées)
80 g de sablés ou galettes bretonnes
1 citron jaune
40 g de sucre en poudre
2 œufs

Préparation

- Pressez le jus du citron.
- Réduisez les sablés en chapelure.

Réalisation et finition

- Préchauffez le four à 180 °C (th. 6).
- Dans un saladier, mélangez les myrtilles, le sucre, le jus du citron, les sablés et les 2 œufs entiers.
- Répartissez le tout dans 4 verres ou dans un pot à confiture.
- Enfournez pendant 15 minutes.
- Servez ce HG tiède accompagné de glace vanille.

Le conseil de Sophie

Si vous utilisez des myrtilles surgelées, ne les décongelez pas.

Le plus déco

Entourez le pot de confiture d'un joli ruban.

Avec quelle sauce ?

Une crème anglaise (page 166).

Les individuels

Comme les verres, tous les contenants individuels offrent des possibilités de présentation originale. Ils ont également le grand avantage de cuisson plus courte.

N'hésitez pas à utiliser tous les ustensiles de cuisson individuelle que vous possédez (ramequins, mini-cocottes…) et surtout les moules en silicone qui ne nécessitent pas d'être beurrés pour un démoulage parfait.

Vous en trouverez de toutes les formes. C'est super !

Leur seul inconvénient étant d'être souple, pour éviter les catastrophes, mettez directement les moules sur la grille du four pour les remplir et les transporter.
À la sortie du four, attendez que les HG tiédissent avant de démouler.

Apéritif

Plat principal,
Buffet,
Pique-nique

Accompagnement

Comme une terrine

Les enfants adorent

Desserts Goûters

Jambon aux endives et au roquefort

Pour 6 personnes

6 endives
50 g de cerneaux de noix
100 g de beurre
1 citron
1 cuillerée à café de sucre en poudre
700 g de jambon blanc
100 g de roquefort
2 œufs
50 g de chapelure
sel et poivre du moulin

Préparation

- Coupez les endives en 2 dans la longueur. Retirez la base. Émincez-les finement.
- Hachez grossièrement les cerneaux de noix.
- Hachez finement le jambon.

Réalisation de la garniture

- Dans une sauteuse antiadhésive, faites fondre le beurre. Ajoutez les endives, le jus du citron, le sucre. Salez et poivrez.
- Mélangez, couvrez et laissez cuire à feu moyen pendant 20 minutes.

Finition

- Préchauffez le four à 180 °C (th. 6).
- Dans un saladier, mélangez le jambon avec la garniture, les noix, le roquefort émietté, les œufs et la chapelure. Mélangez rapidement.
- Goûtez et rectifiez l'assaisonnement si nécessaire.
- Répartissez le tout dans des moules individuels de votre choix.
- Pour ces HG, j'utilise une plaque de 12 mini-tartelettes de chez De Buyer®.
- Enfournez pendant 10 minutes.
- Servez ces HG tièdes ou froids.

Le conseil de Sophie

Pour ôter l'amertume des endives, n'oubliez pas d'enlever le cœur blanc qui est à la base du trognon de l'endive, car c'est lui qui détient toute l'amertume de ce légume.

Ne lavez pas non plus l'endive, mais essuyez-la.

Le plus déco

Faites deux petits trous de chaque côté d'une feuille d'endives afin d'y glisser un long brin de ciboulette.

Déposez un HG sur la feuille, puis fermez-la en réalisant un nœud avec la ciboulette.

Avec quelle sauce ?

Une sauce au citron (page 165).

Saint-jacques à la mimolette

Pour 6 personnes

18 noix de saint-jacques sans corail

200 g de mimolette ou gouda ou cheddar

10 tomates cerises

3 cuillerées à soupe de ciboulette ciselée

2 œufs

50 g de chapelure

sel et poivre du moulin

Préparation

- Coupez les noix de saint-jacques en dés.
- Coupez la mimolette en petits dés.
- Coupez les tomates en petits morceaux.

Réalisation et finition

- Préchauffez le four à 200 °C (th. 6-7).
- Dans un saladier, mélangez les noix de saint-jacques avec la mimolette, les tomates, la ciboulette, les œufs et la chapelure.
- Salez et poivrez, goûtez, et rectifiez l'assaisonnement si nécessaire.
- Répartissez le tout dans des cuillères en porcelaine et enfournez pendant 2 minutes.
- Servez ces HG tièdes ou froids, accompagnés de pain grillé.

Le conseil de Sophie

Si vous utilisez des noix de saint-jacques surgelées, décongelez-les dans un mélange moitié lait moitié eau, afin de conserver leur moelleux.

Le plus déco

À la sortie du four, posez sur le HG une demi-tomate cerise, un filet d'huile d'olive, une rondelle de baguette grillée et décorez de ciboulette.

Posez les cuillères sur une planche en bois que vous placez sur une table décorée de galets, de sable et de coquillages.

Avec quelle sauce ?

Une sauce tomates mayonnaise (page 165).

Crevettes et asperges

Pour 6 personnes

12 asperges blanches + 3 pour la déco

24 crevettes cuites décortiquées

3 tomates grappe

20 cl de crème liquide

1 citron

1 cuillerée à café de moutarde douce

200 g de petits pois surgelés

2 cuillerées à soupe de basilic ciselé

2 œufs

50 g de chapelure

sel et poivre du moulin

Préparation

- Épluchez à l'aide d'un économe les asperges en partant de la pointe vers la base. Faites-les cuire pendant 12 minutes dans de l'eau bouillante salée. Égouttez-les et coupez-les en petits morceaux.
- Coupez les crevettes en petits morceaux.
- À l'aide d'un épluche-tomate, épluchez puis épépinez les tomates.

Réalisation de la garniture

- Dans un bol, fouettez la crème liquide avec le jus du citron et la moutarde. Salez et poivrez.
- Dans un saladier, mélangez les asperges, les crevettes, les tomates, les petits pois et les feuilles de basilic ciselées.
- Versez la sauce sur la préparation et mélangez. Goûtez et rectifiez l'assaisonnement si nécessaire.

Finition

- Préchauffez le four à 180 °C (th. 6).
- Incorporez à la garniture les œufs et la chapelure.
- Répartissez le tout dans des moules individuels de votre choix.
- Pour ces HG, j'utilise une plaque de 8 cubes de chez De Buyer®.
- Enfournez pendant 20 minutes.
- Servez ces HG tièdes ou froids.

Le conseil de Sophie

Vous vous êtes peut-être demandé ce que signifiaient les chiffres sur les emballages de crevettes surgelées. Ils indiquent le nombre de crevettes contenues dans 500 g. Par exemple, 16/20 veut dire que dans 500 g, on compte 16 à 20 crevettes. Donc, plus les chiffres sont élevés, plus les crevettes sont petites.

Le plus déco

Entourez vos HG d'un ruban de peau de tomate, et piquez à l'aide d'un cure-dent une feuille de basilic avec une demi-pointe d'asperge.

Avec quelle sauce ?

Une sauce mayonnaise allégée (page 165).

Boudin noir

Pour 6 personnes

200 g de boudin noir
400 g de filet de porc
2 oignons
3 pommes
100 g d'allumettes de lardons fumés
1 cuillerée à soupe de sucre en poudre
2 cuillerées à soupe d'huile de tournesol
20 g de beurre
2 cuillerées à soupe de vinaigre balsamique
25 cl d'eau
2 œufs
50 g de chapelure
sel et poivre du moulin

Préparation

- Épluchez le boudin et écrasez la chair.
- Hachez le porc.
- Épluchez et émincez finement les oignons.
- Épluchez et coupez en petits morceaux les pommes.

Réalisation de la garniture

- Dans une sauteuse antiadhésive, faites dorer à feu moyen les oignons et les lardons avec le sucre, dans l'huile et le beurre pendant 5 minutes. Versez le vinaigre, puis l'eau, et laissez mijoter à feu doux pendant 25 minutes. Ajoutez les pommes. Mélangez.

Finition

- Dans un saladier, mélangez le porc et le boudin avec la garniture, les œufs et la chapelure.
- Salez et poivrez, goûtez, et rectifiez l'assaisonnement si nécessaire.
- Répartissez le tout dans des moules individuels de votre choix.
- Pour ces HG, j'ai utilisé une plaque de 20 mini-cannelés de chez De Buyer®.
- Enfournez pendant 15 minutes.
- Servez ces HG tièdes ou froids.

Le conseil de Sophie

J'apprécie beaucoup la variété de pomme Pink Lady® qui se tient très bien à la cuisson.
C'est un croisement entre la pomme Lady Williams et la Golden delicious.

Le plus déco

Enveloppez les HG d'une feuille de salade que vous maintiendrez à l'aide d'un ruban de pelure de pommes.

Avec quelle sauce ?

Un confit d'oignon (page 166) ou une sauce pomme-poireau (page 164).

Canard à l'ananas

Pour 6 personnes

800 g de magret de canard
4 petits oignons blancs
1 ananas Victoria
30 cl de fond de volaille
40 cl de lait de coco
2 cuillerées à soupe de pâte de curry
1 citron
½ boîte de pulpe de tomates (400 g poids net)
2 cuillerées à soupe de coriandre hachée
2 œufs
50 g de chapelure
sel et poivre du moulin

Préparation

- Enlevez le gras du magret et hachez-le.
- Épluchez et émincez finement les petits oignons.
- Épluchez et coupez en petits morceaux l'ananas après avoir enlevé le cœur.
- Délayez 1 cuillerée à soupe de fond de volaille dans 30 cl d'eau bouillante.

Réalisation de la garniture

- Dans une sauteuse antiadhésive, versez le lait de coco avec la pâte de curry. Mélangez et laissez mijoter 5 minutes à feu doux.
- Incorporez le fond de volaille, les petits oignons, le zeste et le jus d'un citron et la boîte de tomates, ainsi que les morceaux d'ananas.
- Portez à ébullition et laissez mijoter de nouveau à feu doux pendant 15 minutes.

Finition

- Préchauffez le four à 180 °C (th. 6).
- Dans un saladier, mélangez le canard avec la garniture, la coriandre, les œufs et la chapelure.
- Salez et poivrez, goûtez, et rectifiez l'assaisonnement si nécessaire.
- Répartissez le tout dans des moules individuels de votre choix.
- Pour ces HG, j'ai utilisé une plaque de 6 portions muffins de chez De Buyer®.
- Enfournez durant 15 minutes.
- Servez ces HG tièdes ou froids, accompagnés de riz.

Le conseil de Sophie

Vous pouvez utiliser des aiguillettes de canard à la place du magret.

Le plus déco

Vous pouvez servir le riz parsemé de coriandre dans des demi-coques de noix de coco évidées et lavées.

Dinde aux fèves

Pour 6 personnes

700 g de filet de dinde
6 tranches fines de bacon
2 échalotes
1 cuillerée à café de bouillon de légumes déshydraté
2 cuillerées à soupe d'huile d'olive
20 g de beurre
500 g de fèves surgelées pelées
1/2 citron
10 cl de crème liquide
1 cuillerée à soupe de sarriette (ou de marjolaine)
2 œufs
50 g de chapelure
sel et poivre du moulin

Préparation

- Coupez la dinde et le bacon en petits morceaux.
- Épluchez et hachez les échalotes.
- Délayez 1 cuillerée à café de bouillon de légumes dans 20 cl d'eau bouillante.

Réalisation de la garniture

- Dans une sauteuse antiadhésive, faites revenir les échalotes dans l'huile et le beurre à feu doux pendant 5 minutes.
  Incorporez les fèves et le jus de citron.
  Ajoutez la crème liquide, la sarriette et le bouillon de légumes.
  Laissez mijoter sur feu doux pendant 15 minutes.

Finition

- Préchauffez le four à 180 °C (th. 6).
- Dans un saladier, mélangez la dinde avec la garniture, les œufs et la chapelure.
- Salez et poivrez, goûtez, et rectifiez l'assaisonnement si nécessaire.
- Répartissez le HG dans des ramequins.
  Enfournez pendant 20 minutes.
- Servez ce HG chaud.

Le conseil de Sophie

Pour obtenir une portion de 250 g de fèves fraîches, prévoyez 1,8 kg de cosses.

Pour retirer plus facilement la seconde peau des fèves, plongez-les 30 secondes dans l'eau bouillante, puis dans l'eau glacée.

Avec quelle sauce ?

Un coulis d'herbes (page 166).

Lotte aux noix de cajou

Pour 6 personnes

2 oignons
2 gousses d'ail
1 cuillerée à soupe de quatre-épices
1 dose de safran en poudre
20 cl de crème liquide
100 g de noix de cajou
700 g de joues de lotte
2 cuillerées à soupe d'huile de tournesol
3 cuillerées à soupe de coriandre hachée
2 œufs
50 g de chapelure
sel et poivre du moulin

Préparation

- Épluchez et hachez les oignons et les gousses d'ail.
- Dans un bol, mélangez le quatre-épices et le safran avec la crème.
- Hachez grossièrement les noix de cajou.
- Faites-les griller dans une poêle antiadhésive (attention, c'est rapide !).
- Découpez les joues de lotte en petits morceaux.

Réalisation de la garniture

- Dans une sauteuse antiadhésive, faites chauffer l'huile.
  Ajoutez les oignons et l'ail et faites-les revenir à couvert durant 5 minutes à feu doux.
  Incorporez le mélange crème et noix de cajou.
  Laissez mijoter à feu doux pendant 5 minutes.

Finition

- Préchauffez le four à 180 °C (th. 6).
- Dans un saladier, mélangez les morceaux de lotte avec la garniture, les œufs, la chapelure et la coriandre.
- Salez et poivrez, goûtez, et rectifiez l'assaisonnement si nécessaire.
- Répartissez le tout dans des moules individuels de votre choix. Pour ces HG, j'ai utilisé une plaque en Flexipan® de 12 empreintes « charlotte ».
- Enfournez pendant 15 minutes.
- Servez ces HG chauds accompagnés de riz basmati.

Le conseil de Sophie

Pensez à commander auprès de votre poissonnier les joues de lotte, car autant la lotte que nous ne possédons que deux joues ! Vous pouvez les remplacer par des joues de raie.

Avec quelle sauce ?

Une sauce rose au yaourt (page 165).

Agneau à la menthe

Pour 6 personnes

800 g d'épaule d'agneau
2 gousses d'ail
3 échalotes
2 cuillerées à soupe d'huile d'olive
20 g de beurre
4 cuillerées à soupe de menthe ciselée
2 œufs
50 g de chapelure
sel et poivre du moulin

Préparation

- Hachez l'agneau.
- Épluchez et hachez l'ail et les échalotes.

Réalisation de la garniture

- Dans une sauteuse antiadhésive, faites revenir dans l'huile et le beurre les échalotes et l'ail pendant 5 minutes à feu doux.

Finition

- Préchauffez le four à 180 °C (th. 6).
- Dans un saladier, mélangez l'agneau avec la garniture, la menthe, ainsi que les œufs et la chapelure.
- Salez, poivrez, goûtez et rectifiez l'assaisonnement si nécessaire.
- Répartissez le tout dans des moules individuels de votre choix. Pour ces HG, j'ai utilisé une plaque de 6 moules « tarte Tatin » en Flexipan®.
- Enfournez pendant 20 minutes.
- Servez ces HG chauds accompagnés de pain pita, de semoule ou de taboulé libanais.

Le conseil de Sophie

Pour conserver la menthe, mettez-la dans un sachet en plastique directement dans le réfrigérateur sans la laver ! Elle restera impeccable une semaine.

Avec quelle sauce ?

Une sauce au yaourt (page 165).

Poulet à la ratatouille

Pour 6 personnes

800 g de filets de poulet
1 sachet de ratatouille surgelée Picard®
20 cl d'huile d'olive
1 cuillerée à soupe d'herbes de Provence
2 œufs
50 g de chapelure
sel et poivre du moulin

Préparation

- Hachez le poulet.

Réalisation de la garniture

- Dans une sauteuse antiadhésive, faites mijoter la ratatouille avec l'huile d'olive à feu moyen pendant 1 h 30.
- Salez et poivrez.

Finition

- Préchauffez le four à 180 °C (th. 6).
- Dans un saladier, mélangez le poulet haché avec la ratatouille, les herbes de Provence, les œufs et la chapelure. Mélangez.
- Salez et poivrez, goûtez, et rectifiez l'assaisonnement si nécessaire.
- Répartissez le tout dans des moules individuels de votre choix. Pour ces HG, j'ai utilisé une plaque Flexipan® de 12 savarins carrés.
- Enfournez pendant 15 minutes.
- Servez ces HG tièdes ou froids, accompagnés d'une salade verte ou de tomates.

Le conseil de Sophie

Un poulet entier découpé par vous-même sera plus tendre et savoureux que des blancs de poulet achetés à l'unité.

Avec quelle sauce ?

Une coulis de tomates (page 166).

Bœuf aux herbes

Pour 6 personnes

800 g de bœuf haché
1 bouquet de persil
1 bouquet de cerfeuil
1 bouquet de ciboulette (au total 20 cuillerées à soupe d'herbes)
2 échalotes
3 cuillerées à soupe d'huile d'olive
2 œufs
50 g de chapelure
sel et poivre du moulin

Préparation

- Équeutez le persil et le cerfeuil. Hachez finement toutes les herbes.
- Épluchez et hachez les échalotes.

Finition

- Préchauffez le four à 180 °C (th. 6).
- Dans un saladier, mélangez le bœuf haché avec les herbes, l'huile d'olive, les échalotes, les œufs et la chapelure.
- Salez et poivrez, goûtez, et rectifiez l'assaisonnement si nécessaire.
- Répartissez le tout dans 6 moules à tartelettes antiadhésifs. Enfournez pendant 10 minutes.
- Décorez d'herbes.
- Servez ce HG chaud, accompagné d'une salade ou de pommes de terre sautées.

Le conseil de Sophie

Avec du thon, c'est également très bon !

Avec quelle sauce ?

Du ketchup ou de la sauce soja.

Jambon et coquillettes

Pour 6 personnes

450 g de jambon blanc

700 g de coquillettes cuites (ou 250 g crues)

2 cuillerées à soupe de crème fraîche

150 g de gruyère râpé

2 cuillerées à soupe de ketchup

6 œufs

50 g de chapelure

sel et poivre du moulin

Préparation

- Coupez le jambon blanc en petits morceaux.

Réalisation et finition

- Préchauffez le four à 180 °C (th. 6).
- Dans un saladier, mélangez le jambon avec les coquillettes cuites, la crème fraîche, le gruyère, le ketchup, les œufs et la chapelure.
- Salez et poivrez, goûtez, et rectifiez l'assaisonnement si nécessaire.
- Répartissez le tout dans 6 petits bols et enfournez pendant 20 minutes.
- Servez ce HG accompagné d'une salade.

Le conseil de Sophie

Il existe dans le commerce des pâtes express coquillettes nature précuites.

N'hésitez pas à les utiliser, vos enfants pourront ainsi préparer le HG tout seul.

Le plus déco

Réalisez des voiles de bateau à l'aide de brochettes et de papier.

Inscrivez sur les voiles le prénom de l'enfant, ainsi vous aurez un marque place original à votre table.

Avec quelle sauce ?

Une sauce aux champignons (page 165).

KiM
TOM

Épinards à la ricotta

Pour 6 personnes

1 kg d'épinards en branche surgelés (= environ 350 g d'épinards égouttés)

60 g de pignons de pin

200 g de ricotta

2 cuillerées à soupe de crème fraîche liquide

1/2 cuillerée à café de noix de muscade

2 œufs

50 g de chapelure

sel et poivre du moulin

Préparation

- Décongelez les épinards à température ambiante, puis essorez-les. Pressez-les bien entre vos mains afin de retirer un maximum d'eau. Hachez-les.
- Dans une poêle antiadhésive sans matière grasse, faites dorer les pignons de pin (attention, c'est rapide !).

Réalisation de la garniture

- Préchauffez le four à 180 °C (th. 6).
- Dans un saladier, mélangez les épinards avec la ricotta, la crème fraîche, les pignons, la muscade, les œufs et la chapelure.
- Salez et poivrez, goûtez, et rectifiez l'assaisonnement si nécessaire.
- Répartissez le tout dans des moules individuels de votre choix. Pour ces HG, j'ai utilisé une plaque de 12 moules en Flexipan® « fleur de printemps ».
- Enfournez pendant 15 minutes.
- Servez ces HG chauds pour accompagner une viande blanche ou une volaille.

Le conseil de Sophie

Vous pouvez remplacer la ricotta par du gorgonzola.

On dit que le goût des épinards est bien meilleur avec une pointe de sucre dans la préparation. C'est à vous d'essayer et de voir !

Le plus déco

Une sauce à la noisette (page 164).

Artichauts aux amandes

Pour 6 personnes

2 gousses d'ail
2 échalotes
12 fonds d'artichauts (en conserve ou surgelés)
100 g d'amandes mondées
30 cl de vin blanc
4 cuillerées à soupe d'herbes hachées (cerfeuil, persil, menthe)
1 citron
2 cuillerées à soupe d'huile d'olive
2 œufs
50 g de chapelure
sel et poivre du moulin

Préparation

- Épluchez et hachez les gousses d'ail et les échalotes.
- Coupez en petits morceaux les fonds d'artichauts.
- Dans une poêle antiadhésive, faites dorer à feu vif les amandes. Attention, c'est rapide ! Puis hachez-les grossièrement.

Réalisation de la garniture

- Dans une sauteuse antiadhésive, faites réduire à feu vif le vin blanc avec les échalotes et les herbes jusqu'à évaporation presque totale du vin blanc.
  Ajoutez le jus de citron, les amandes et l'ail.

Finition

- Préchauffez le four à 180 °C (th. 6).
- Dans un saladier, mélangez les artichauts avec la garniture, l'huile d'olive, les œufs et la chapelure.
- Salez et poivrez, goûtez, et rectifiez l'assaisonnement si nécessaire.
- Répartissez le tout dans 6 tasses à thé et enfournez pendant 10 minutes.

Le conseil de Sophie

Si vous utilisez des artichauts frais, cassez les queues des artichauts plutôt que de les couper. Cela évitera que des fibres ne restent attachées au fond de l'artichaut.

Le plus déco

Placez les tasses sur de jolies caissettes en papier que vous aurez remplies d'herbes et d'amandes.

Avec quelle sauce ?

Une sauce à la purée d'amandes (page 166).

Cerise-pistache

Pour 6 personnes

500 g de cerises fraîches, au sirop ou surgelées dénoyautées

30 g de pistaches vertes non salées

80 g de quatre-quarts

40 g de sucre en poudre

20 g de poudre d'amandes

1 cuillerée à soupe de marsala amande

2 œufs

Préparation

- Hachez les cerises et les pistaches en petits morceaux.
- Réduisez le quatre-quarts en chapelure.

Réalisation et finition

- Préchauffez le four à 180 °C (th. 6).
- Dans un saladier, mélangez les cerises avec le sucre, la poudre d'amandes, le marsala, les pistaches, les œufs et le quatre-quarts.
- Répartissez le tout dans des moules individuels de votre choix. Pour ces HG, j'ai utilisé une plaque de 12 moules ronds « pomponnettes » de chez De Buyer®.
- Enfournez pendant 15 minutes.
- Servez ces HG tièdes ou froids en accompagnement d'une salade de fruits ou d'une glace.

Le conseil de Sophie

Vous pouvez utiliser des madeleines à la place du quatre-quarts.

Le plus déco

Retournez sur une cerise un petit verre et posez le HG de cerises par-dessus.

Avec quelle sauce ?

Une crème anglaise (page 166).

Quetsches au pastis

Pour 6 personnes

500 g de quetsches (ou mirabelles)
80 g de pain d'épice
40 g de sucre roux
20 g de poudre d'amandes
2 cuillerées à soupe de pastis
2 œufs

Préparation

- Dénoyautez et coupez les quetsches en petits morceaux.
- Réduisez le pain d'épice en chapelure.

Réalisation et finition

- Préchauffez le four à 180 °C (th. 6).
- Dans un saladier, mélangez les quetsches avec le sucre, la poudre d'amandes, le pastis, les œufs et le pain d'épice.
- Répartissez le tout dans des moules individuels de votre choix. Pour ces HG, j'utilise une plaque de 9 moules mini-muffins de chez De Buyer®.
- Enfournez pendant 20 minutes.
- Attendez que les HG tiédissent avant de les démouler.
- Servez-les tièdes ou froids accompagnés d'une boule de glace vanille ou de crème Chantilly.

Le conseil de Sophie

Vous pouvez congeler le pain d'épice qu'il vous reste pour une prochaine fois. Mais coupez-le en tranches avant, cela vous permettra de ne prendre que ce dont vous avez besoin.

Le plus déco

Placez directement dans les moules de jolies caissettes en papier imprimées avant d'y déposer votre HG.

Avec quelle sauce ?

Une crème anglaise (page 166).

Framboise nougat

Pour 6 personnes

30 g de nougat tendre
80 g de biscuits roses de Reims
500 g de framboises
20 g de sucre en poudre
2 œufs entiers

Préparation

- Coupez le nougat en morceaux à l'aide d'une paire de ciseaux.
- Réduisez les biscuits en chapelure.

Réalisation et finition

- Préchauffez le four à 180 °C (th. 6).
- Dans un saladier, mélangez les framboises avec le sucre, le nougat, les œufs et les biscuits roses.
- Répartissez le tout dans des moules mini-cakes de chez De Buyer® ou des mini-terrines.
- Enfournez pendant 15 minutes.
- Servez ces HG tièdes ou froids.

Le conseil de Sophie

Vous pouvez remplacer le nougat par des calissons.

Avec quelle sauce ?

Un coulis de framboises (page 166) ou une crème anglaise (page 166).

Les cercles

J'aurais aujourd'hui beaucoup de mal à présenter un dîner sans utiliser les cercles.

Appelés cercles ou nonnettes, vous en trouverez de toutes les formes géométriques et autres, en acier inoxydable, passant du congélateur au four sans problème.

De l'entrée au dessert, jouez avec les formes, les superpositions d'ingrédients et de couleurs…

Le HG se tenant très bien, vous pourrez n'utiliser qu'un cercle pour mouler l'ensemble de votre dîner.

Garnissez, tassez bien, levez le cercle et passez au suivant.

Si vous laissez les cercles pendant la cuisson, pour les démouler à la sortie du four, passez tout autour à l'intérieur la pointe d'un petit couteau.

Apéritif

Plat principal,
Buffet,
Pique-nique

Accompagnement

Comme
une terrine

Les enfants
adorent

Desserts
Goûters

Saltimbocca

Pour 6 personnes

700 g d'escalopes de veau
200 g de mozzarella en boule
6 tranches de bacon
6 feuilles de sauge
1 pot de sauce tomate basilic
2 œufs
50 g de chapelure
sel et poivre du moulin

Préparation

- Hachez le veau.
- Coupez la mozzarella en petits morceaux.
- Émincez les tranches de bacon.
- Ciselez finement la sauge.

Réalisation et finition

- Préchauffez le four à 180 °C (th. 6).
- Dans un saladier, mélangez la viande avec le bacon, la sauce tomate, la sauge et la mozzarella, les œufs et la chapelure.
- Salez et poivrez, goûtez, et rectifiez l'assaisonnement si nécessaire.
- Répartissez le haché dans 6 cercles à pâtisserie de forme circulaire.
- Enfournez pendant 20 minutes.
- Servez ce HG chaud accompagné de pâtes fraîches.

Le conseil de Sophie

Le morceau du veau que je préfère c'est l'onglet, un mets royal, d'une tendreté rare, mais il y en a peu, alors je vous conseille de le commander à l'avance à votre boucher pour l'essayer !

Le plus déco

Avant la cuisson des HG, retirez les cercles et entourez-les d'une tranche de poitrine fumée.

Avec quelle sauce ?

Un coulis de tomates (page 166).

Poulet aux noix de cajou

Pour 6 personnes

700 g de blancs de poulet
4 petits oignons blancs
2 gousses d'ail
100 g de noix de cajou
2 cuillerées à soupe d'huile de tournesol
3 cuillerées à soupe de sauce soja
1 citron vert
10 cl de lait de coco
3 cuillerées à soupe d'herbes hachées (ciboulette, coriandre)
2 œufs
50 g de chapelure
sel et poivre du moulin

Préparation

- Coupez en petits morceaux le poulet.
- Épluchez et hachez les oignons et les gousses d'ail.
- Hachez grossièrement les noix de cajou.

Réalisation de la garniture

- Dans une sauteuse antiadhésive, faites revenir dans l'huile les oignons et les gousses d'ail pendant 5 minutes à feu doux. Ajoutez la sauce soja, le jus du citron vert, les noix de cajou et le lait de coco.
  Laissez mijoter à feu doux pendant 10 minutes.

Finition

- Préchauffez le four à 180 °C (th. 6).
- Dans un saladier, mélangez le poulet avec la garniture, les herbes, les œufs et la chapelure.
- Salez et poivrez, goûtez, et rectifiez l'assaisonnement si nécessaire.
- Répartissez le HG dans des cercles à pâtisserie de forme rectangulaire.
- Enfournez pendant 20 minutes.
- Servez ce HG chaud accompagné de riz.

Le conseil de Sophie

Pour ouvrir une noix de coco, percez deux de ses yeux à l'aide d'un tire-bouchon ou d'une perceuse. Videz son eau. Ensuite, placez la noix dans un four à 210 °C (th. 7) pendant 10 minutes. Là, elle devrait s'ouvrir en deux. Cela vous évitera d'avoir à utiliser un marteau, voire une machette, comme le font les Créoles.

Le plus déco

À l'aide d'un éplucheur rasoir, réalisez de jolis copeaux de noix de coco. Décorez le tour et le dessus du HG.

Avec quelle sauce ?

Une sauce aux noix de cajou (page 164).

Espadon à l'italienne

Pour 6 personnes

700 g de filet d'espadon
1 gousse d'ail
12 pétales de tomates confites
12 olives noires
125 g de feta en cubes
2 cuillerées à soupe d'huile d'olive
200 g de dés de poivrons verts et rouges surgelés de chez Picard®
20 g de pignons de pin
3 cuillerées à soupe de basilic ciselé
50 g de parmesan
2 œufs
50 g de chapelure
sel et poivre du moulin

Préparation

- Coupez l'espadon en petits morceaux.
- Épluchez et hachez l'ail.
- Coupez les tomates et les olives noires dénoyautées en petits morceaux.
- Coupez en 4 les dés de feta.

Réalisation de la garniture

- Dans une sauteuse antiadhésive, faites revenir, à feu moyen et à couvert, dans l'huile d'olive la brunoise de poivrons avec l'ail pendant 10 minutes.
- Faites griller les pignons de pin dans une poêle sur feu vif. Attention, c'est rapide !
- Ajoutez-les au mélange précédent.

Finition

- Préchauffez le four à 200 °C (th. 6-7).
- Dans un saladier, mélangez l'espadon avec la garniture, le basilic ciselé, le parmesan râpé, les olives, la feta, les tomates, les œufs et la chapelure.
- Salez et poivrez, goûtez, et rectifiez l'assaisonnement si nécessaire.
- Répartissez le HG dans 6 cercles à pâtisserie en forme de goutte d'eau.
- Enfournez pendant 5 minutes.
- Servez ces HG tièdes ou à température ambiante, accompagnés d'une salade.

Le conseil de Sophie

Vous pouvez remplacer l'espadon par du requin, de l'empereur ou du grenadier.

Sans chapelure ni œuf, ce HG peut se manger cru.

Avec quelle sauce ?

Une sauce pesto (page 164).

Koulibiac de saumon

Pour 6 personnes

700 g de filet de saumon frais sans la peau
150 g de champignons de Paris
200 g de pousses d'épinards
2 échalotes
150 g de riz long
3 œufs durs
2 cuillerées à soupe d'huile d'olive
1 citron
3 cuillerées à soupe de crème épaisse
20 g de beurre
2 œufs
50 g de chapelure
sel et poivre du moulin

Préparation

- Dans une sauteuse antiadhésive, faites fondre le beurre. Ajoutez les épinards et faites-les revenir durant 3 minutes à feu moyen. Retirez-les et égouttez-les soigneusement dans du papier absorbant. Hachez-les.
- Enlevez le pied terreux des champignons. Passez-les sous l'eau froide. Essuyez-les et coupez-les en petits morceaux.
- Épluchez et hachez les échalotes.
- Faites cuire le riz selon les indications du paquet.
- Retirez les arêtes du saumon. Coupez-le en petits morceaux.
- Écalez les œufs durs.

Réalisation de la garniture

- Dans une sauteuse antiadhésive, à feu vif, faites dorer les champignons, dans l'huile pendant 8 minutes. Ajoutez les échalotes, le zeste et le jus du citron. Salez, poivrez et mélangez.

Finition

- Préchauffez le four à 180 °C (th. 6).
- Dans un saladier, mélangez le saumon avec la garniture, les épinards, les œufs durs, le riz, la crème fraîche, les œufs et la chapelure.
- Salez et poivrez, goûtez, et rectifiez l'assaisonnement si nécessaire.
- Répartissez le haché dans les 6 cercles à pâtisserie de forme circulaire.
- Enfournez pendant 15 minutes.
- Servez ce HG chaud accompagné d'une salade.

Le plus déco

À la sortie du four, entourez le HG de deux cercles de pâte feuilletée.

Avec quelle sauce ?

Une sauce moutardée au curry (page 164).

Confit de canard aux pommes

Pour 6 personnes

6 cuisses de canard confit
2 oignons
4 pommes goldens
1 cuillerée à soupe de graisse de canard
3 cuillerées à soupe de persil haché
2 œufs
50 g de chapelure
sel et poivre du moulin

Préparation

- Passez les cuisses de canard pendant 1 minute au four à micro-ondes pour en enlever la graisse. Enlevez la peau et le gras du canard. Effilochez la viande et coupez-la en petits morceaux.
- Épluchez et émincez finement les oignons.
- Épluchez les pommes. Coupez-les en petits morceaux.

Réalisation de la garniture

- Dans une sauteuse antiadhésive, faites revenir dans la graisse de canard les oignons à feu moyen pendant 5 minutes. Ajoutez les pommes.
- Salez, poivrez, mélangez et laissez mijoter durant 10 minutes.

Finition

- Préchauffez le four à 180 °C (th. 6).
- Dans un saladier, mélangez le canard avec la garniture, le persil, ainsi que les œufs et la chapelure.
- Salez et poivrez, goûtez, et rectifiez l'assaisonnement si nécessaire.
- Répartissez le haché dans 6 cercles à pâtisserie de forme ovale.
- Enfournez pendant 10 minutes.
- Servez ce HG chaud accompagné de pommes sautées ou de salade.

Le conseil de Sophie

Vous pouvez remplacer les pommes par des pommes de terre. Avec du confit de porc, c'est bon également !

Avec quelle sauce ?

Une sauce crème de bacon à la moutarde (page 164).

Cabillaud aux carottes

Pour 6 personnes

800 g de filets de cabillaud
2 échalotes
2 carottes
1 cuillerée à soupe d'huile de tournesol
3 cuillerées à soupe d'herbes hachées (persil, cerfeuil, aneth, ciboulette)
1 cuillerée à café de gingembre en poudre
1 cuillerée à café de cumin en poudre
1 citron
2 cuillerées à soupe de sauce soja
2 œufs
50 g de chapelure
sel et poivre du moulin

Préparation

- Coupez le filet de cabillaud en petits morceaux.
- Épluchez et hachez les échalotes.
- Épluchez et coupez en petits dés la carotte.

Réalisation de la garniture

- Dans une sauteuse, faites revenir dans l'huile l'échalote pendant 5 minutes à feu doux.
- Ajoutez les dés de carotte. Couvrez et laissez cuire durant 15 minutes jusqu'à ce que les carottes soient tendres.
- Salez, poivrez et ajoutez les herbes, le gingembre et le cumin.

Finition

- Préchauffez le four à 200 °C (th. 6-7).
- Dans un saladier, mélangez le cabillaud avec la garniture, le jus du citron, la sauce soja, les œufs et la chapelure.
- Salez, poivrez, goûtez et rectifiez l'assaisonnement si nécessaire.
- Répartissez le HG dans 6 cercles à pâtisserie de forme ronde.
- Enfournez pendant 10 minutes.
- Servez ces HG tièdes, accompagnés d'une salade.

Le conseil de Sophie

Vous pouvez remplacer le cabillaud par du colin ou du merlu.

Fini le pavé de cabillaud qui se défait à la cuisson : achetez le poisson la veille, salez-le légèrement de fleur de sel et enveloppez-le de papier film. Et le lendemain, c'est magique, rincez-le et, à la cuisson, la chair du poisson se tiendra bien mieux !

Avec quelle sauce ?

Une sauce vierge (page 165) ou de la sauce soja.

Pigeon aux amandes

Pour 6 personnes

5 pigeons
3 oignons
100 g d'amandes entières mondées
1 cuillerée à soupe de cannelle en poudre
2 cuillerées à soupe d'huile de tournesol
50 g de beurre
3 cuillerées à soupe de miel liquide
3 cuillerées à soupe d'herbes hachées (coriandre, persil)
2 œufs
50 g de chapelure
sel et poivre du moulin

Préparation

- Désossez les pigeons et hachez la chair.
- Épluchez et hachez les oignons.
- Dans une poêle antiadhésive, sans matière grasse, faites dorer les amandes (attention, c'est rapide !), puis hachez-les et saupoudrez-les de cannelle.

Réalisation de la garniture

- Dans une sauteuse antiadhésive, faites revenir dans l'huile et le beurre, à feu moyen et à couvert, les oignons pendant 5 minutes.
  Ajoutez les amandes et le miel. Mélangez.

Finition

- Préchauffez le four à 180 °C (th. 6).
- Dans un saladier, mélangez la chair des pigeons avec la garniture, les herbes, les œufs et la chapelure.
- Salez et poivrez, goûtez et rectifiez l'assaisonnement si nécessaire.
- Mettez le HG dans des cercles à pâtisserie en forme d'étoile.
- Enfournez pendant 20 minutes.
- Servez ce HG accompagné de semoule de couscous.

Le conseil de Sophie

Vous pouvez remplacer les pigeons par des cailles ou du poulet, et le miel par du sirop d'érable.

Le plus déco

Réalisez des feuilles de brick au miel en forme d'étoile et posez-les sur votre HG.

Avec quelle sauce ?

Une sauce miel et moutarde (page 164).

Bavette à l'échalote

Pour 6 personnes

800 g de bavette d'aloyau
10 échalotes
60 g de beurre
15 cl de vin rouge (madiran ou boulaouane)
2 œufs
50 g de chapelure
sel et poivre du moulin

Préparation

- Hachez la viande.
- Pelez et émincez finement les échalotes.

Réalisation de la garniture

- Dans une sauteuse antiadhésive, mettez à revenir dans le beurre chaud, à couvert, les échalotes, sur feu moyen environ 10 minutes, en remuant de temps en temps.
- Versez le vin rouge, et faites-le réduire de moitié, à feu vif.
- Salez et poivrez.

Finition

- Préchauffez le four à 180 °C (th. 6).
- Dans un saladier, mélangez la viande avec la garniture, les œufs et la chapelure.
- Salez et poivrez, goûtez, et rectifiez l'assaisonnement si nécessaire.
- Répartissez le HG dans 6 cercles hauts en Inox® de 7 cm sur 9 cm.
- Enfournez pendant 10 minutes.
- Servez ce HG chaud, accompagné d'une salade.

Le conseil de Sophie

Ajoutez une cuillerée à café de sel dans les échalotes lorsque vous les faites revenir. Cela évitera qu'elles ne brûlent.

Le plus déco

Répartissez dans les cercles la moitié du HG et la moitié d'une purée.

Mettez au four et cela vous fera un délicieux hachis Parmentier revisité.

Avec quelle sauce ?

Une sauce au vin rouge (page 165).

Côte de veau aux pommes

Pour 6 personnes

900 g de côtes de veau
200 g d'andouille de Guémené
300 g de champignons de Paris
2 pommes
2 échalotes
2 cuillerées à soupe d'huile d'olive
20 g de beurre
2 cuillerées à soupe de persil haché
2 cuillerées à soupe de calvados
20 cl de crème fraîche épaisse
2 œufs
50 g de chapelure
sel et poivre du moulin

Préparation

- Désossez et hachez le veau.
- Épluchez et hachez les échalotes.
- Épluchez et coupez en dés les pommes.
- Retirez la peau de l'andouille et coupez la chair en petits morceaux.
- Retirez le pied terreux des champignons. Passez-les sous l'eau froide, essuyez-les et coupez-les en petits morceaux.

Réalisation de la garniture

- Dans une sauteuse antiadhésive, mettez à chauffer l'huile d'olive à feu vif. Faites dorer les champignons pendant 8 minutes. Ajoutez le beurre, les échalotes et le persil. Mélangez et laissez cuire encore 30 secondes à feu moyen.
- Incorporez les pommes et le calvados. Mélangez. Versez la crème. Laissez réduire durant 5 minutes à feu moyen. Salez et poivrez.

Finition

- Préchauffez le four à 180 °C (th. 6).
- Dans un saladier, mélangez le veau avec l'andouille, la garniture, les œufs et la chapelure.
- Salez et poivrez, goûtez, et rectifiez l'assaisonnement si nécessaire.
- Répartissez le HG dans 6 cercles à pâtisserie de forme circulaire.
- Enfournez pendant 20 minutes.
- Servez ce HG chaud, accompagné d'une salade et de pommes dorées au beurre.

Le conseil de Sophie

J'ai choisi l'andouille de Guémené, non seulement parce que j'aime son goût fumé, mais aussi pour ses rondelles qui prennent des formes originales en cuisant.

Le plus déco

Entourez le HG de persil haché.

Coupez dans un champignon, une pomme et une andouille des tranches assez épaisses. Faites-les dorer dans du beurre ou de l'huile, puis posez-les sur les HG.

Travers de porc à l'orange

Pour 6 personnes

1 kg de travers de porc
2 gousses d'ail
2 carottes
1 branche de céleri
2 oranges
2 cuillerées à soupe de soupe à l'oignon déshydratée
2 cuillerées à soupe de miel
2 cuillerées à soupe de sauce soja
1 cuillerée à soupe de quatre-épices
4 cuillerées à soupe de ketchup
2 œufs
50 g de chapelure
sel et poivre du moulin

Préparation

- Désossez et hachez le travers de porc.
- Épluchez et hachez l'ail.
- Épluchez et coupez les carottes en julienne.
- Coupez la branche de céleri en petits morceaux

Réalisation de la garniture

- Dans une sauteuse antiadhésive, faites revenir à couvert et à feu moyen, le zeste et le jus des oranges, les carottes, le céleri, l'ail et l'oignon déshydraté, pendant 15 minutes.

Finition

- Préchauffez le four à 180 °C (th. 6).
- Dans un saladier, mélangez le porc avec la garniture, le miel, la sauce soja, le quatre-épices, le ketchup, ainsi que les œufs et la chapelure.
- Salez et poivrez, goûtez, et rectifiez l'assaisonnement si nécessaire.
- Répartissez le HG dans des cercles à pâtisserie de forme géométrique (triangle, carré…).
- Enfournez pendant 20 minutes.
- Servez ce HG accompagné de tranches de pain grillées.

Le conseil de Sophie

Sachez que vous pouvez remplacer 1 oignon moyen par 2 cuillerées à soupe de soupe à l'oignon déshydraté. Pratique !

Le plus déco

À l'aide d'un éplucheur rasoir, coupez une carotte en lamelles, puis égalisez-les pour la régularité. Il vous suffit ensuite d'entourer le HG de ces lamelles. Elles tiendront toutes seules !

Avec quelle sauce ?

Un chutney à l'orange (page 166).

Pommes de terre aux cèpes

Pour 6 personnes

18 pommes de terre type charlotte

300 g de cèpes frais (ou 100 g de cèpes séchés)

2 gousses d'ail

2 échalotes

3 cuillerées à soupe de graisse de canard

3 cuillerées à soupe de persil haché

2 œufs

50 g de chapelure

sel et poivre du moulin

Préparation

- Épluchez les pommes de terre. Coupez-les en dés.
- Retirez le pied terreux des cèpes. Passez-les délicatement sous l'eau. Essuyez-les et coupez-les en petits morceaux.
- Épluchez l'ail et les échalotes. Hachez-les.

Réalisation de la garniture

- Dans une sauteuse antiadhésive, faites dorer les pommes de terre, à feu moyen, dans la graisse de canard pendant 15 minutes.
- Ajoutez les cèpes et continuez la cuisson durant 5 minutes.
- Incorporez les échalotes, l'ail et le persil. Salez, poivrez et mélangez.

Finition

- Préchauffez le four à 180 °C (th. 6).
- Dans un saladier, mélangez la garniture avec les œufs et la chapelure.
- Salez et poivrez, goûtez, et rectifiez l'assaisonnement si nécessaire.
- Répartissez le HG dans 6 cercles à tarte de 10 cm de diamètre.
- Enfournez pendant 10 minutes.
- Servez ce HG chaud avec une volaille ou une viande rouge.

Le conseil de Sophie

Afin de vous assurer que vos cèpes n'ont pas été attaqués par les insectes, ne les choisissez pas trop gros.

Le plus déco

Une fois le HG cuit, déposez-le au centre de l'assiette, et placez dessus la viande ou le poisson.

Pintade au chou

Pour 6 personnes

2 pintades de 1,4 kg
1 chou vert ou rouge
30 cl de bouillon de volaille
1 oignon
2 gousses d'ail
2 cuillerées à soupe de graisse de canard
200 g de lardons allumettes fumés
1 cuillerée à café de thym
2 œufs
50 g de chapelure
sel et poivre du moulin

Préparation

- Désossez et hachez la chair des pintades.
- Retirez délicatement les feuilles du chou et gardez les 6 plus vertes et plus belles pour la présentation. Retirez les côtes. Plongez toutes les feuilles de chou dans l'eau bouillante salée pendant 2 minutes, puis rafraîchissez-les sous l'eau froide. Égouttez-les et essuyez-les. Émincez-les finement.
- Délayez 2 tablettes de bouillon de volaille dans 30 cl d'eau bouillante.
- Épluchez et hachez l'oignon et les gousses d'ail.

Réalisation de la garniture

- Dans une sauteuse antiadhésive, faites revenir à feu moyen, dans la graisse de canard, les oignons, l'ail et les lardons pendant 5 minutes.
Ajoutez le chou et le bouillon de volaille.
Mélangez et laissez mijoter le tout pendant 20 minutes.
Salez et poivrez.

Finition

- Préchauffez le four à 180 °C (th. 6).
- Dans un saladier, mélangez la pintade avec la garniture, le thym, les œufs et la chapelure.
- Salez et poivrez, goûtez et rectifiez l'assaisonnement si nécessaire.
- Répartissez le HG dans 6 cercles à pâtisserie de forme carrée.
- Enfournez pendant 20 minutes.
- Servez ce HG froid, accompagné de tranches de pain grillées et d'une salade.

Le conseil de Sophie

Pour que vos feuilles de chou une fois cuites ne soient pas chiffonnées, placez-les dans la casserole bien à plat et mettez une assiette par-dessus qui les tiendra planes pendant la cuisson.

Afin de garder la couleur bien verte du chou et d'éviter trop d'odeur désagréable dans la cuisine, ajoutez dans l'eau de cuisson 1 cuillerée à soupe de bicarbonate de soude (en pharmacie).

Le plus déco

Déposez le HG sur la feuille de chou et fermez-la à l'aide d'un raphia.

Courgettes à la mozzarella

Pour 6 personnes

4 courgettes moyennes
200 g de mozzarella
2 gousses d'ail
4 cuillerées à soupe d'huile d'olive
1 cuillerée à café de paprika
4 cuillerées à soupe d'herbes hachées (persil, cerfeuil, ciboulette…)
2 œufs
50 g de chapelure
sel et poivre du moulin

Préparation

- Lavez et coupez en petits dés les courgettes sans retirer la peau.
- Épluchez et hachez les gousses d'ail.

Réalisation de la garniture

- Dans une sauteuse antiadhésive, faites revenir, à couvert et à feu moyen dans l'huile, les courgettes avec l'ail et le paprika pendant 15 minutes.
  Salez et poivrez.

Finition

- Préchauffez le four à 180 °C (th. 6).
- Dans un saladier, mélangez la garniture avec la mozzarella râpée et les herbes, les œufs et la chapelure.
- Salez et poivrez, goûtez, et rectifiez l'assaisonnement si nécessaire.
- Répartissez le HG dans 6 cercles de formes différentes.
- Enfournez pendant 15 minutes.
- Servez ces HG en accompagnement de viande ou de poisson.

Le conseil de Sophie

Le sel aurait le défaut de brûler les chairs en les attaquant, aussi est-il conseillé de ne jamais cuire les courgettes dans de l'eau salée, mais de les assaisonner en fin de cuisson afin qu'elles gardent leur tenue.

Farinez les courgettes avant de les poêler : elles seront ainsi moins grasses et plus croquantes.

Avec quelle sauce ?

Un coulis de tomates (page 166).

Exotique

Pour 6 personnes

1 ananas
1 mangue
2 bananes
1 citron vert
80 g de brioche (1 brioche individuelle)
40 g de beurre
40 g de sucre en poudre
3 cuillerées à soupe de Malibu®
20 g de noix de coco en poudre
2 œufs

Préparation

- Épluchez l'ananas, la mangue et les bananes. Coupez-les en petits morceaux et arrosez-les de jus de citron.
- Réduisez la brioche en chapelure.

Réalisation de la garniture

- Dans une sauteuse antiadhésive, faites fondre le beurre avec le sucre sur feu moyen.
- Ajoutez les fruits. Laissez dorer à feu moyen pendant 5 minutes. Versez le Malibu® et mélangez.

Finition

- Préchauffez le four à 180 °C (th. 6).
- Dans un saladier, mélangez la garniture avec la noix de coco, la brioche et les 2 œufs. Répartissez le tout dans des cercles à pâtisserie en forme de petits cœurs.
- Enfournez pendant 15 minutes.
- Servez ce HG froid accompagné d'une boule de glace mangue ou passion.

Le conseil de Sophie

Si vous roulez le citron sur la table en appuyant assez fort dessus, il vous donnera davantage de jus.

Pour que les rondelles de bananes restent blanches, trempez-les quelques minutes dans du lait.

Le plus déco

À l'aide d'un éplucheur rasoir, découpez une banane en fines lamelles. Faites-les rapidement dorer dans le beurre puis placez-les autour du HG.

Saupoudrez de noix de coco.

Avec quelle sauce ?

Une sauce à l'orange (page 166).

Bananes et marron vanillé

Pour 6 personnes

5 bananes

80 g de brioche (1 brioche individuelle)

100 g de pépites de chocolat

2 cuillerées à soupe de Baileys® caramel

20 g de poudre de noisettes

2 cuillerées à soupe de crème de marron vanillée

2 œufs

Préparation

- Épluchez les bananes et coupez-les en dés.
- Réduisez la brioche en chapelure.

Réalisation et finition

- Préchauffez le four à 180 °C (th. 6).
- Dans un saladier, mélangez les bananes avec les pépites de chocolat, le Baileys®, la poudre de noisettes, la crème de marron, ainsi que la brioche et les 2 œufs.
- Répartissez le tout dans 6 cercles à pâtisserie de forme circulaire.
- Enfournez pendant 15 minutes.
- Servez ce HG tiède ou froid, accompagné d'une boule de glace à la vanille ou au caramel.

Le conseil de Sophie

Plus la banane est verte, plus elle se conserve longtemps à température ambiante, tout en continuant à mûrir jusqu'à ce qu'elle devienne comestible. Pour un mûrissement en douceur, l'idéal est encore de la suspendre à un crochet, ou au contraire de l'emballer dans du papier journal si l'on souhaite accélérer le processus.

Le plus déco

Disposez sur le HG des fils de caramel (page 167). Magnifique !

Avec quelle sauce ?

Une sauce chocolat (page 167) et une chantilly, le HG qui tue !

Poires au chocolat

Pour 6 personnes

1 boîte 4/4 de poires
100 g de pépites de chocolat
80 g de brioche
(1 brioche individuelle)
20 g de poudre d'amandes
20 g de beurre
2 œufs

Préparation

- Égouttez les poires et coupez-les en dés.
- Faites fondre le beurre au four à micro-ondes.
- Réduisez la brioche en chapelure.

Réalisation et finition

- Préchauffez le four à 180 °C (th. 6).
- Dans un saladier, mélangez les poires avec les pépites de chocolat, le beurre fondu, la poudre d'amandes, ainsi que la brioche et les 2 œufs entiers.
- Répartissez le tout dans un cercle à pâtisserie en forme de cœur.
- Enfournez pendant 20 minutes.
- Servez ce HG tiède ou froid, accompagné d'une boule de glace à la vanille ou d'un sorbet poire.

Le conseil de Sophie

Vous pouvez remplacer les pépites chocolat par des pépites créatives Vahiné® : nougatine, choco-coco ou caramel, que vous trouverez au rayon aide culinaire de votre supermarché.

Le plus déco

Les petits cœurs en chocolat (page 167).

Avec quelle sauce ?

Une sauce chocolat (page 167).

Les moules

Buffet, pique-nique, repas familial ou entre copains, choisissez les HG dans les moules pour une préparation facile, rapide et, si nécessaire en quantité.

On n'a pas fait mieux depuis les cakes !

Moules à cake, à tarte, à charlotte, en fonte, antiadhésif, en porcelaine, en silicone, des terrines, des cocottes, vous en verrez de toutes les couleurs et de toutes les formes. À vous de choisir suivant les occasions (Pâques, Noël, Saint-Valentin, Halloween…) !

Amusez-vous avec les HG pour étonner petits et grands.

Ne graissez pas les moules, cela ne sert à rien, et n'hésitez pas à les tapisser de tranches fines de poitrine fumée ou de légumes (courgettes, aubergines…).

Au choix, vous pourrez démouler ou servir à la cuillère, mais si vous démoulez, laissez bien refroidir avant, sinon patatras !

Apéritif

Plat principal,
Buffet,
Pique-nique

Accompagnement

Comme
une terrine

Les enfants
adorent

Desserts
Goûters

Magret de canard au foie gras

Pour 6 personnes

350 g de filet de dinde
2 échalotes
600 g de magret de canard
200 g de châtaignes au naturel (en conserve)
100 g de foie gras en terrine
1 cuillerée à café de graisse de canard
2 cuillerées à soupe de cognac
2 œufs
50 g de chapelure
sel et poivre du moulin

Préparation

- Hachez la dinde.
- Épluchez et hachez les échalotes.
- Enlevez le gras du magret et coupez-le en lamelles.
- Écrasez grossièrement les châtaignes.
- Coupez le foie gras en petits morceaux.

Réalisation de la garniture

- Dans une sauteuse antiadhésive, faites revenir à feu doux les échalotes dans la graisse de canard pendant 5 minutes. Ajoutez les châtaignes et le cognac.
- Salez et poivrez. Mélangez et laissez mijoter toujours à feu doux pendant 5 minutes.

Finition

- Préchauffez le four à 180 °C (th. 6).
- Dans un saladier, mélangez la dinde avec le magret, la garniture, le foie gras, les œufs et la chapelure.
- Salez, poivrez, goûtez et rectifiez l'assaisonnement si nécessaire.
- Versez le tout dans une terrine et enfournez pendant 35 minutes.
- Servez ce HG froid, en tranches, accompagné de pain d'épices ou de tranches de pain grillées.

Le conseil de Sophie

Vous pouvez vous servir de ce HG comme d'une farce pour votre chapon ou votre dinde.

Le plus déco

Assaisonnez et farinez des escalopes de foie gras cru avec de la fécule de pomme de terre. Dans une poêle antiadhésive très chaude, faites-les dorer 1 minute de chaque côté.

Avec quelle sauce ?

Un confit d'oignon (page 166).

Dinde à la normande

Pour 6 personnes

500 g de champignons de Paris
2 oignons
700 g de filets de dinde
3 cuillerées à soupe d'huile d'olive
25 cl de cidre brut
25 cl de crème fraîche épaisse
2 œufs
50 g de chapelure
sel et poivre du moulin

Préparation

- Enlevez le bout terreux des champignons. Lavez-les sous l'eau froide et essuyez-les. Coupez-les en dés.
- Épluchez et émincez finement les oignons.
- Hachez les filets de dinde.

Réalisation de la garniture

- Dans une sauteuse antiadhésive, faites dorer à feu vif les champignons dans l'huile pendant 8 minutes.
- Ajoutez les oignons. Salez et poivrez. Mélangez et laissez mijoter le tout pendant 10 minutes, à feu moyen, tout en remuant de temps en temps.
- Versez le cidre puis la crème, mélangez, et laissez réduire pendant 15 minutes à feu moyen.

Finition

- Préchauffez le four à 180 °C (th. 6).
- Dans un saladier, mélangez le poulet avec la garniture, les œufs et la chapelure.
- Salez et poivrez, goûtez, et rectifiez l'assaisonnement si nécessaire.
- Versez le HG dans une cocotte en fonte de 25 cm.
- Posez le couvercle et enfournez pendant 40 minutes.
- Servez à la cuillère ce HG chaud avec des « pommes en l'air » (goldens épluchées et coupées en quatre, et dorées dans du beurre).

Le conseil de Sophie

Pour éviter que les champignons rendent de l'eau à la cuisson, mettez-les dans une poêle huilée très chaude à feu vif et ne les touchez pas. Retournez-les une fois qu'ils sont bien dorés et renouvelez l'opération sur l'autre face.

Dès que tous les champignons sont bien colorés, baissez le feu et mélangez.

Avec quelle sauce ?

Une sauce pomme-poireau (page 164).

Bœuf, la recette originale

Pour 6 personnes

450 g de bœuf
150 g d'échine de porc
150 g de veau
2 oignons
2 gousses d'ail
2 carottes
1 branche de céleri
50 g de beurre
6 cuillerées à soupe d'herbes hachées (persil, cerfeuil, ciboulette…)
4 cuillerées à soupe de ketchup
2 cuillerées à soupe de sauce Worcestershire
1 paquet de tranches fines de poitrine fumée
2 œufs
50 g de chapelure
sel et poivre du moulin

Préparation

- Hachez les viandes.
- Épluchez et hachez les oignons et l'ail.
- Épluchez et coupez en petits morceaux les carottes et le céleri.

Réalisation de la garniture

- Dans une sauteuse antiadhésive, faites revenir dans le beurre à feu doux et à couvert les oignons, les carottes, le céleri et l'ail pendant 15 minutes.

Finition

- Préchauffez le four à 180 °C (th. 6).
- Dans un saladier, mélangez les viandes avec la garniture, les herbes, le ketchup, la sauce Worcestershire, les œufs et la chapelure.
- Salez, poivrez, goûtez et rectifiez l'assaisonnement si nécessaire.
- Tapissez un moule à cake de 26 cm de tranches de poitrine fumée, puis versez-y le HG.
- Enfournez pendant 40 minutes.
- Servez ce HG chaud ou froid, en tranches, accompagné de frites et de salade.
- Vous pouvez également réaliser de très bons sandwichs.

Le conseil de Sophie

Dans la recette originale, les Américains ajoutent une couche de ketchup sur le dessus du HG. Il caramélise en cuisant. À vous de choisir !

Le plus déco

Vous pouvez cuire ce HG dans un moule à manqué. Démoulez-le, puis enrobez-le entièrement de purée.

Quelques bougies et cela pourrait ressembler à un gâteau d'anniversaire salé !

Avec quelle sauce ?

Un coulis de tomates (page 166).

Haddock et poireaux

Pour 6 personnes

700 g de haddock
40 cl de lait
3 blancs de poireaux
1 oignon
400 g d'oseille
20 g de beurre
2 cuillerées à soupe d'huile d'olive
10 cl de crème fraîche
3 cuillerées à soupe d'herbes hachées (ciboulette, cerfeuil, persil…)
1 cuillerée à soupe de moutarde forte
2 œufs
50 g de chapelure
poivre du moulin

Préparation

- Mettez les filets de haddock et le lait dans une casserole. Complétez avec de l'eau si nécessaire, afin de couvrir entièrement le poisson. Portez doucement à ébullition et laissez pocher 10 minutes. Égouttez. Ôtez la peau et coupez le poisson en petits morceaux.
- Épluchez, lavez, égouttez, puis émincez finement les poireaux.
- Épluchez et hachez l'oignon.
- Retirez les côtes de l'oseille. Lavez-la et séchez-la avant de l'émincer.

Réalisation de la garniture

- Dans une sauteuse antiadhésive, faites revenir à feu doux et à couvert dans le beurre et l'huile, l'oignon et les blancs de poireaux pendant 20 minutes.
- Incorporez l'oseille et la crème. Mélangez et laissez cuire à feu doux durant 5 minutes. Poivrez.

Finition

- Préchauffez le four à 180 °C (th. 6).
- Dans un saladier, mélangez le haddock avec la garniture, les herbes hachées, la moutarde, les œufs et la chapelure.
- Poivrez, goûtez, et rectifiez l'assaisonnement si nécessaire. Ne salez pas, car le haddock est déjà très salé.
- Versez ce HG dans un plat à gratin et enfournez pendant 30 minutes.
- Servez ce HG à la cuillère, chaud, accompagné d'une purée de pommes de terre à l'oseille ou d'une salade.

Le conseil de Sophie

Vous pouvez remplacer l'oseille par des épinards ou des pousses d'épinards.

Gardez le vert des poireaux, coupez-le en petits morceaux et congelez-le. Vous l'utiliserez pour aromatiser vos bouillons ou vos veloutés.

Avec quelle sauce ?

Une sauce moutardée au curry (page 164).

Lapin au chocolat

Pour 6 personnes

2 oignons
2 gousses d'ail
8 râbles de lapin de 200 g pièce
15 cl de bouillon de volaille
2 cuillerées à soupe de graisse de canard
50 g de pignons de pin
1 cuillerée à café de cannelle
30 cl de vin blanc
2 cuillerées à soupe de persil
20 g de pépites de chocolat
2 œufs
50 g de chapelure
sel et poivre du moulin

Préparation

- Pelez et hachez les oignons et l'ail.
- Désossez les râbles de lapin et hachez la chair.
- Délayez 1 tablette de bouillon de volaille dans 15 cl d'eau bouillante.

Réalisation de la garniture

- Dans une sauteuse antiadhésive, faites revenir à feu doux, dans la graisse de canard, les oignons, l'ail et les pignons de pin, pendant 5 minutes. Saupoudrez de cannelle. Salez et poivrez.
- Versez le vin blanc et le bouillon de volaille. Mélangez et laissez mijoter pendant 15 minutes à feu doux.

Finition

- Préchauffez le four à 180 °C (th. 6).
- Dans un saladier, mélangez le lapin avec la garniture, le persil, les pépites de chocolat, les œufs et la chapelure.
- Salez et poivrez, goûtez et rectifiez l'assaisonnement si nécessaire.
- Versez le tout dans un moule en forme de lapin et enfournez pendant 35 minutes.
- Servez ce HG chaud accompagné de tagliatelles.

Le conseil de Sophie

Le lapin sera encore plus moelleux si vous laissez tremper la chair pendant 24 heures dans du lait.

Avec quelle sauce ?

Une sauce vin rouge (page 165).

Sandre au citron vert

Pour 6 personnes

600 g de filet de sandre
300 g de crevettes cuites décortiquées
2 échalotes
2 gousses d'ail
3 bâtons de citronnelle
3 cuillerées à soupe d'huile d'olive
2 cuillerées à soupe de coriandre hachée
2 citrons verts
2 œufs
50 g de chapelure
sel et poivre du moulin

Préparation

- Hachez le poisson et les crevettes décortiquées.
- Pelez et émincez finement les échalotes et l'ail.
- Épluchez les bâtons de citronnelle jusqu'à atteindre la partie tendre, puis émincez finement les bulbes.

Finition

- Préchauffez le four à 180 °C (th. 6).
- Dans un saladier, mélangez le sandre avec les crevettes, les échalotes, l'ail, l'huile d'olive, la coriandre, la citronnelle, le jus des citrons verts, les œufs et la chapelure.
- Salez et poivrez, goûtez, et rectifiez l'assaisonnement si nécessaire.
- Versez ce HG dans un plat rond en porcelaine et enfournez pendant 30 minutes.
- Servez ce HG à la cuillère, chaud, accompagné de riz.

Le conseil de Sophie

Pour obtenir 300 g de crevettes décortiquées, achetez 600 g de crevettes entières.

La citronnelle fraîche se trouve dans les épiceries asiatiques.

Avec quelle sauce ?

Une sauce cacahuète (page 165).

Tartiflette

Pour 6 personnes

300 g d'échine de porc
600 g de côte de porc
2 oignons
1 reblochon
2 cuillerées à soupe d'huile de tournesol
150 g d'allumettes de lardons fumés
2 œufs
50 g de chapelure
sel et poivre du moulin

Préparation

- Désossez et hachez les viandes de porc.
- Épluchez et hachez les oignons.
- Coupez le reblochon en petits morceaux en gardant la croûte.

Réalisation de la garniture

- Dans une sauteuse antiadhésive, faites dorer, dans l'huile et à feu moyen, les oignons avec les lardons pendant 10 minutes.

Finition

- Préchauffez le four à 180 °C (th. 6).
- Dans un saladier, mélangez les viandes avec la garniture, le reblochon, les œufs et la chapelure.
- Salez et poivrez, goûtez, et rectifiez l'assaisonnement si nécessaire.
- Versez le tout dans un moule à charlotte et enfournez pendant 40 minutes.
- Démoulez et servez ce HG chaud, accompagné de pommes de terre sautées et d'une salade.

Le conseil de Sophie

Vous pouvez remplacer le reblochon par de la raclette ou de la tomme fraîche.

Je vous conseille d'acheter un reblochon qui porte une pastille de couleur verte, cela vous garantit un fromage fermier de grande qualité.

Le plus déco

Déposez au fond du moule une couche de pommes de terre sautées, puis une couche de HG. Renouvelez l'opération une fois.

Ris de veau au porto

Pour 6 personnes

900 g d'échine de porc
200 g de ris de veau
3 gousses d'ail
2 échalotes
6 asperges vertes
2 cuillerées à soupe d'huile d'olive
100 g de lardons
15 cl de vinaigre de vin
10 cl de porto rouge
10 cl de crème liquide
1 cuillerée à soupe de thym
2 œufs
50 g de chapelure
sel et poivre du moulin

Préparation

- Désossez et hachez le porc.
- Plongez le ris de veau pendant 3 minutes dans de l'eau bouillante salée. Retirez-le aussitôt et trempez-le dans un bol d'eau froide. Égouttez. Retirez la peau blanche et les nerfs. Taillez-le en 4 escalopes.
- Épluchez et émincez les gousses d'ail et les échalotes.
- Taillez les queues des asperges, puis coupez-les en rondelles.

Réalisation de la garniture

- Dans une sauteuse, faites revenir dans l'huile à feu doux et à couvert les lardons, les échalotes, l'ail et les asperges pendant 5 minutes. Versez le vinaigre et faites-le réduire pendant 2 minutes sur feu vif.
  Ajoutez le porto, la crème liquide et le thym.
  Salez, poivrez, et laissez mijoter le tout pendant 15 minutes.

Finition

- Préchauffez le four à 180 °C (th. 6).
- Dans un saladier, mélangez l'échine de porc avec la garniture, les œufs et la chapelure.
- Salez, poivrez, goûtez et rectifiez l'assaisonnement si nécessaire.
- Versez la moitié du HG dans un moule à cake de 26 cm, puis déposez les ris de veau dessus, et recouvrez de l'autre moitié de HG. Enfournez pendant 45 minutes.
- Servez ce HG froid coupé en tranches accompagné de tranches de pains grillées et d'une salade frisée aux lardons.

Le conseil de Sophie

Il est préférable de faire dégorger les ris de veau dans l'eau pendant 1 nuit au réfrigérateur pour qu'ils soient bien blancs, mais cela n'est pas indispensable, surtout si votre ris de veau est d'une très bonne qualité.

Le plus déco

Tapissez le moule à cake de tranches fines de jambon cru.

Avec quelle sauce ?

Une sauce porto (page 165).

Faisan à la choucroute

Pour 6 personnes

2 faisans
2 oignons
150 g de foie gras en terrine mi-cuit
300 g de choucroute cuite
1 cuillerée à soupe de graisse de canard
100 g d'allumettes de lardons fumés
2 œufs
50 g de chapelure
sel et poivre du moulin

Préparation

- Désossez et hachez les faisans.
- Épluchez et émincez finement les oignons.
- Coupez le foie gras en petits morceaux.
- Hachez la choucroute.

Réalisation de la garniture

- Dans une sauteuse antiadhésive, faites revenir dans la graisse de canard, à feu moyen, les oignons et les lardons pendant 10 minutes.

Finition

- Préchauffez le four à 180 °C (th. 6).
- Dans un saladier, mélangez le faisan avec la garniture, le foie gras, la choucroute, les œufs et la chapelure.
- Salez, poivrez, goûtez et rectifiez l'assaisonnement si nécessaire.
- Versez le HG dans une terrine et enfournez pendant 40 minutes.
- Servez ce HG froid, en tranches, accompagné de tartines de pain grillées.

Le conseil de Sophie

Vous pouvez remplacer le faisan par de la pintade ou de l'andouillette.

Le plus déco

Tapissez la terrine de tranches fines de poitrine fumée.

Ne mettez pas la choucroute dans le HG, mais étalez-la sur la poitrine fumée. Recouvrez du HG et mettez au four.

Avec quelle sauce ?

Un confit d'oignon (page 166).

Carré de porc aux échalotes

Pour 6 personnes

1 kg de carré de porc
10 échalotes
2 cuillerées à soupe d'huile d'olive
2 cuillerées à soupe de miel
½ boîte de tomates pelées (400 g poids net)
1 cuillerée à soupe de cumin
50 g de parmesan râpé
1 cuillerée à soupe de moutarde à l'ancienne
2 œufs
50 g de chapelure
sel et poivre du moulin

Préparation

- Désossez et hachez le carré de porc.
- Épluchez et hachez les échalotes.

Réalisation de la garniture

- Dans une sauteuse, faites revenir dans l'huile, à feu doux, les échalotes pendant 5 minutes. Ajoutez le miel. Mélangez puis incorporez les tomates et le cumin.
- Salez, poivrez, et laissez mijoter à feu doux pendant 15 minutes.

Finition

- Préchauffez le four à 180 °C (th. 6).
- Dans un saladier, mélangez la viande hachée de porc avec la garniture, le parmesan, la moutarde, les œufs et la chapelure.
- Salez et poivrez, goûtez, et rectifiez l'assaisonnement si nécessaire.
- Versez le tout dans une terrine et enfournez pendant 45 minutes.
- Servez ce HG froid coupé en tranches accompagné de tranches de pain grillées et d'une salade de carottes à la marocaine.

Le conseil de Sophie

Pour éviter que le parmesan ne moisisse dans votre réfrigérateur, conservez-le dans une boîte en plastique au congélateur. Il vous suffira de le râper au moment où vous en avez besoin.

Avec quelle sauce ?

Un confit d'échalote (page 166).

Crabe au gouda

Pour 6 personnes

400 g de filet de merlan
1 carotte
1 blanc de poireau
1 branche de céleri
10 tomates cerises
150 g de gouda nature ou au cumin
2 cuillerées à soupe d'huile d'olive
400 g de chair de crabe
2 cuillerées à soupe de persil haché
1 cuillerée à soupe de moutarde forte
1 cuillerée à soupe de cognac
50 g de raisins blonds
2 œufs
50 g de chapelure
sel et poivre du moulin

Préparation

- Enlevez les arêtes et hachez le filet de merlan.
- Épluchez la carotte et coupez-la en dés.
- Lavez et émincez finement le poireau et le céleri.
- Coupez en 2 les tomates.
- Coupez le gouda en petits dés.

Réalisation de la garniture

- Dans une sauteuse antiadhésive, faites revenir, dans l'huile, à feu moyen et à couvert, la carotte, le poireau, le céleri pendant 15 minutes.

Finition

- Préchauffez le four à 180 °C (th. 6).
- Dans un saladier, mélangez le crabe avec la garniture, le persil, le gouda, la moutarde, les tomates, le cognac, les raisins blonds, les œufs et la chapelure.
- Salez et poivrez, goûtez, et rectifiez l'assaisonnement si nécessaire.
- Versez le HG dans un moule à cake de 26 cm et enfournez pendant 30 minutes.
- Servez ce HG froid en tranches accompagné d'une salade verte ou de carottes râpées.

Le conseil de Sophie

Vous pouvez remplacer la moutarde forte par de la Savora® et le crabe par du surimi.

Le plus déco

À l'aide d'un éplucheur julienne, faites de fines lamelles de carottes et de gouda que vous déposerez sur les tranches du HG. Décorez d'herbes.

Avec quelle sauce ?

Une sauce rose au yaourt (page 165).

Poulet à la tapenade et au citron confit

Pour 6 personnes

700 g de filets de poulet
20 olives vertes
1 citron confit
6 pimientos de piquillos
1 gousse d'ail
30 cl de bouillon de volaille
½ boîte de pulpe de tomates (400 g poids net)
1 cuillerée à soupe d'herbes de Provence
4 cuillerées à soupe de tapenade noire
2 œufs
50 g de chapelure
poivre du moulin

Préparation

- Hachez les filets de poulet.
- Coupez les olives dénoyautées, le citron confit et les pimientos en petits morceaux.
- Épluchez et hachez la gousse d'ail.
- Délayez 2 cubes de bouillon de volaille dans 30 cl d'eau bouillante.

Réalisation de la garniture

- Dans une sauteuse antiadhésive, mettez la pulpe de tomates, le bouillon, l'ail, les olives, les poivrons et les herbes. Laissez mijoter à feu moyen pendant 20 minutes.

Finition

- Préchauffez le four à 180 °C (th. 6).
- Dans un saladier, mélangez le poulet avec la garniture, le citron confit, la tapenade, les œufs et la chapelure.
- Poivrez, goûtez, et rectifiez l'assaisonnement si nécessaire.
- Versez le HG dans une terrine et mettez au four pendant 40 minutes.
- Servez ce HG froid, en tranches, accompagné de tranches de pain grillées frottées à l'ail.

Le conseil de Sophie

Pour enlever l'odeur d'ail, d'oignon ou d'échalote des doigts, il suffit de les frotter sur la lame du couteau utilisé sous un filet d'eau froide. Attention, ne vous coupez pas les doigts !

Avec quelle sauce ?

Un coulis de tomates (page 166).

Châtaignes au céleri

Pour 6 personnes

4 oignons
2 branches de céleri
800 g de châtaignes au naturel
20 cl de bouillon de volaille
100 g de beurre
4 cuillerées à soupe de persil
2 œufs
50 g de chapelure
sel et poivre du moulin

Préparation

- Épluchez et hachez les oignons et le céleri.
- Coupez grossièrement les châtaignes en morceaux.
- Délayez une tablette de bouillon de volaille dans 20 cl d'eau bouillante.

Réalisation de la garniture

- Dans une sauteuse antiadhésive, faites revenir à feu moyen et à couvert dans le beurre fondu les oignons et le céleri pendant 10 minutes.
- Ajoutez le bouillon et laissez réduire durant 5 minutes. Salez et poivrez.

Finition

- Préchauffez le four à 180 °C (th. 6).
- Dans un saladier, mélangez les châtaignes avec la garniture, le persil, les œufs et la chapelure.
- Salez et poivrez, goûtez, et rectifiez l'assaisonnement si nécessaire.
- Versez le tout dans un moule en forme de sapin et enfournez pendant 30 minutes.
- Servez ce HG chaud pour accompagner la dinde de Noël ou un gibier.

Le conseil de Sophie

Nous mangeons des châtaignes fraîches et non pas des marrons, car ils ne sont pas comestibles, et c'est une mauvaise habitude qu'on a de parler de marrons !

Pour les griller, faites une entaille en forme de croix sur la partie claire avec un couteau pointu. Déposez les châtaignes sur la plaque du four et mettez-les à cuire en remuant de temps en temps environ 20 minutes à 200 °C (th. 7). À la sortie du four, enveloppez-les dans du papier journal pendant 10 minutes, vous les éplucherez plus facilement.

Le plus déco

Décorez votre HG sapin de tomates cerises en guise de boules de Noël.

Carottes, patates douces et panais

Pour 6 personnes

2 carottes
2 panais
2 patates douces
1 oignon
200 g de girolles
150 g de beaufort
50 g de beurre
3 cuillerées à soupe d'huile de tournesol
4 cuillerées à soupe de persil
2 œufs
50 g de chapelure
sel et poivre du moulin

Préparation

- Épluchez les légumes et coupez-les en petits dés.
- Épluchez l'oignon et émincez-le.
- Retirez le pied terreux des girolles. Passez-les sous l'eau froide. Essuyez-les et émincez-les.
- Coupés en dés le beaufort ou râpez-le.

Réalisation de la garniture

- Dans une sauteuse antiadhésive, faites fondre le beurre et l'huile. Faites revenir les oignons, les carottes, les patates, les panais et les girolles.
  Laissez-les dorer à feu moyen pendant 20 minutes.
  Salez et poivrez.
  Mélangez.

Finition

- Préchauffez le four à 180 °C (th. 6).
- Dans un saladier, mélangez les légumes avec le persil, le beaufort, les œufs et la chapelure.
- Salez et poivrez, goûtez et rectifiez l'assaisonnement si nécessaire.
- Versez le HG dans une terrine et enfournez pendant 30 minutes.
- Servez ce HG à la cuillère, chaud, en accompagnement de viandes ou de volailles.

Le conseil de Sophie

Depuis l'apparition de la pomme de terre, le panais a perdu sa popularité : il entre maintenant dans la catégorie des légumes « oubliés ». Et je trouve cela bien dommage, car c'est un légume très bon, légèrement sucré, qui rappelle un peu la carotte avec un petit goût de noisette.

Il se cuisine comme la pomme de terre. Essayez-le !

Abricots et amaretto

Pour 6 personnes

1 kg d'abricots

80 g d'amaretti (biscuits aux amandes)

40 g de sucre en poudre

3 cuillerées à soupe d'amaretto (liqueur d'amande)

2 œufs

1 cuillerée à café de fleurs de lavande alimentaires (magasin bio)

Préparation

- Dénoyautez et coupez en petits morceaux les abricots.
- Mixez les biscuits en chapelure.

Réalisation et finition

- Préchauffez le four à 180 °C (th. 6).
- Dans un saladier, mélangez les abricots avec le sucre, l'amaretto, les biscuits et les œufs.
- Versez le tout dans un moule à soufflé et enfournez pendant 35 minutes.
- À la sortie du four, saupoudrez de fleurs de lavande.
- Servez ce HG tiède ou froid à la cuillère.

Le plus déco

Nouez autour du moule un large ruban de velours dans lequel vous aurez fait des petits trous afin d'insérer des tiges de lavande en fleurs.

Avec quelle sauce ?

Une crème Chantilly (page 167).

Fruits confits et rhum

Pour 6 personnes

150 g de fruits confits
80 g de brioche (1 brioche individuelle)
2 œufs
40 g de sucre en poudre
12 cl de lait demi-écrémé
12 cl de crème liquide
80 g de raisins secs
2 cuillerées à soupe de rhum brun

Préparation

- Coupez les fruits confits en petits morceaux.
- Mixez la brioche en chapelure.

Réalisation de la garniture

- Préchauffez le four à 180 °C (th. 6).
- Dans un saladier, mélangez les œufs avec le sucre. Incorporez le lait, puis la crème. Ajoutez les fruits confits, les raisins secs et la brioche.
- Versez le tout dans un caquelon et enfournez pendant 35 minutes.
- À la sortie du four, arrosez de rhum.
- Servez ce HG tiède ou froid à la cuillère.

Finition

- Vous pouvez remplacer les fruits confits par des fruits secs, comme des abricots, des figues…

Avec quelle sauce ?

Une crème anglaise (page 166).

Les plus de Sophie

Sauces

SALÉES

SAUCE PESTO (crudité, légume, pâtes, poisson blanc)

Dans un blender, mettez 1 gousse d'ail, 30 g de pignons de pin, 50 g de parmesan râpé, 20 cl d'huile d'olive et les feuilles de 2 bouquets de basilic. Salez, poivrez et mixez 15 secondes.

SAUCE À LA NOISETTE (légume, poisson, viande blanche, volaille)

Dans une sauteuse, faites dorer à feu moyen 20 g de noisettes entières dans 30 g de beurre pendant 2 minutes. Ajoutez 10 cl de crème et 10 cl de lait, puis portez à ébullition pendant 5 minutes.
Au dernier moment, ajoutez 1 cuillerée à soupe d'huile de noisette et mixez.
Gardez-la au chaud dans une bouteille thermos.

SAUCE MIEL ET MOUTARDE (poisson, viande rouge et blanche, volaille)

Dans une casserole, faites chauffer à feu doux 4 cuillerées à soupe de miel avec 4 cuillerées à soupe de sauce soja pendant 5 minutes. Laissez refroidir avant d'ajouter 5 cuillerées à soupe rase de moutarde Fins Gourmets de Maille® et 2 cuillerées à soupe d'herbes hachées.

SAUCE MOUTARDÉE AU CURRY (andouillette, poisson, viande, volaille)

Dans une casserole, faites fondre 50 g de beurre. Incorporez 2 cuillerées à soupe de moutarde Fins Gourmets de Maille®, 3 cuillerées à soupe de crème épaisse et 1 cuillerée à soupe rase de curry. Ajoutez 1 cuillerée à soupe d'herbes hachées de votre choix. Salez.
Gardez la sauce au chaud dans une bouteille thermos.

SAUCE POMME-POIREAU (andouillette, boudin, poisson, viande blanche, volaille)

Épluchez 1 pomme. Coupez-la en petits dés. Dans une casserole, portez à ébullition 10 cl de bouillon de légume avec 5 cl de vin blanc ou de cidre et 5 cuillerées à soupe de sauce soja. Ajoutez 1 blanc de poireau émincé, et faites cuire environ 10 minutes. Mixez-le tout en purée avec la pomme. Ajoutez 3 cuillerées à soupe de crème liquide, 1 cuillerée à soupe de raisins blonds et 1 cuillerée à soupe d'amandes effilées.

SAUCE NOIX DE CAJOU (poisson, viande blanche, volaille)

Dans une casserole, faites chauffer 20 cl de lait de coco avec 100 g de noix de cajou concassées et 1 cuillerée à soupe de coriandre hachée. Salez et poivrez et mélangez.

SAUCE AIGRE-DOUCE (poisson, viande blanche, volaille)

Dans un bol, mélangez 1 cuillerée à soupe de sauce soja avec 2 cuillerées à soupe de ketchup, 4 cuillerées à soupe de jus d'ananas et un peu de gingembre frais râpé.

SAUCE CRÈME DE BACON À LA MOUTARDE (poisson, viande blanche, volaille)

Dans une casserole à feu moyen, faites dorer 100 g d'allumettes de lardons. Ajoutez 5 cl de vinaigre de xérès puis, 1 minute après, 10 cl de bouillon de volaille. Laissez réduire de moitié, ajoutez 50 cl de crème liquide, et poursuivez la cuisson à feu doux pendant
10 minutes. Incorporez au fouet 1 cuillerée à soupe de moutarde de Dijon. Salez et poivrez.

SAUCE PORTO (abats, coquille saint-jacques)

Dans une casserole, faites réduire de moitié à feu vif 5 cl de porto avec 5 cl de vinaigre, 10 cl de vin rouge et 1 pincée de sucre en poudre. Incorporez 50 g de beurre en fouettant. Salez et poivrez. Gardez la sauce au chaud dans une bouteille thermos.

SAUCE AU YAOURT (agneau, crudité, poisson)

Dans un bol, mélangez 2 yaourts veloutés avec le jus d'1 citron, 2 cuillerées à soupe de menthe ciselée, un demi-concombre coupé en dés et 1 gousse d'ail hachée. Salez et poivrez.

SAUCE ROSE AU YAOURT (crudité, fruits de mer, poisson)

Dans un bol, mélangez 2 yaourts veloutés avec 2 cuillerées à soupe de jus de citron, 2 cuillerées à soupe de lait, 1 cuillerée à soupe de concentré de tomates. Salez et poivrez.

SAUCE CACAHUÈTE (poisson, viande blanche, volaille)

Dans une poêle, faites revenir 1 pomme coupée en dés dans 20 g de beurre avec 1 oignon haché. Ajoutez 1 cuillerée à soupe de sucre roux, le jus d'1 citron vert, 20 cl de lait de coco et 100 g de cacahuètes. Assaisonnez de sel et de poivre. Laissez mijoter à feu doux pendant 5 minutes.

SAUCE TOMATE MAYONNAISE (crudité, légume, poisson, volaille)

À l'aide d'un blender, mixez 2 tomates fraîches avec 1 gousse d'ail, 5 cl d'huile d'olive, 1 cuillerée à soupe de mayonnaise, 1 cuillerée à soupe de vinaigre de vin balsamique, sel et poivre du moulin.

SAUCE BISQUE (crustacé, poisson)

Dans une cocotte, faites chauffer 1 cuillerée à soupe d'huile d'olive à feu vif, puis mettez à rissoler les têtes de homard, de crevettes ou de langoustines. Lorsqu'elles sont colorées (au bout de 3 minutes environ), ajoutez 2 cuillerées à soupe de whisky. Ensuite, ajoutez 1 oignon et 1 carotte coupés en morceaux. Laissez cuire 5 minutes, puis incorporez 1 petite boîte de concentré de tomates. Salez et poivrez. Versez 50 cl de vin blanc et recouvrez le tout avec de l'eau et 1 cuillerée à café de fumet de poisson déshydraté. Laissez mijoter durant 45 minutes. Filtrez la bisque et faites-la réduire de moitié avec 3 cuillerées à soupe de crème fraîche épaisse.

SAUCE GUACAMOLE (crudité, tacos, tortilla chips)

Dans un hachoir, mixez 1 petit oignon blanc avec la chair de 2 avocats et le jus d'1 citron avec 1 cuillerée à soupe de crème épaisse ou de mascarpone et 1 cuillerée à soupe d'huile d'olive. Vous obtenez ainsi une purée. Salez et poivrez et ajoutez une tomate coupée en dés.

SAUCE VIN ROUGE (lapin, poisson, viande rouge)

Dans une casserole, faites réduire à feu vif 20 cl de vin rouge avec 2 échalotes émincées. Ajoutez 1 cuillerée à soupe de crème épaisse, portez à ébullition et baissez à feu doux. Incorporez petit à petit 200 g de beurre en fouettant. Salez et poivrez.

SAUCE COCKTAIL (crudité, viande rouge et blanche, volaille)

Mélangez 1 bol de mayonnaise avec 2 cuillerées à soupe de ketchup, 1 cuillerée à soupe de cognac et 3 gouttes de Tabasco®. Salez et poivrez.

SAUCE VIERGE (poisson)

Mélangez 3 tomates pelées, épépinées et coupées en dés avec 15 cl d'huile d'olive, le jus d'1 citron, 1 gousse d'ail hachée et 3 cuillerées à soupe d'herbes hachées. Salez et poivrez.

SAUCE MAYONNAISE ALLÉGÉE (asperge, crudité, fruits de mer)

Écrasez 2 jaunes d'œufs durs avec 1 cuillerée à café de moutarde, 1 cuillerée à café de vinaigre balsamique. Incorporez 250 g de fromage blanc. Salez et poivrez. Incorporez plein d'herbes de votre choix.

SAUCE AU CITRON (crudité, poisson)

Mixez 10 cl d'huile d'olive avec le jus d'1 citron, 2 cuillerées à soupe de crème épaisse, 1 cuillerée à café de sauce Worcestershire. Salez et poivrez.

SAUCE AUX CHAMPIGNONS (pâtes, viande blanche, volaille)

Dans une poêle, faites dorer dans 1 cuillerée à soupe d'huile d'olive et à feu vif, 300 g de champignons de Paris lavés et émincés pendant 3 minutes. Ajoutez 20 g de beurre et 2 échalotes hachées. Salez, poivrez, mélangez et laissez revenir 1 minute. Versez 20 cl de vin blanc et laissez réduire à feu doux pendant 10 minutes. Ajoutez 2 cuillerées à soupe de crème fraîche épaisse. Gardez au chaud dans une bouteille de thermos.

SAUCE À LA PURÉE D'AMANDES DE MAMIE (crudité, légume, poisson, viande blanche, volaille)

Dans un saladier, mettez 1 cuillerée à soupe de purée d'amandes blanches (magasin bio). Versez 1 cuillerée à soupe d'eau froide et le jus d'1 citron. Mélangez. Ajoutez 1 échalote émincée et 3 cuillerées à soupe d'herbes hachées. Mélangez. Salez, poivrez et versez 2 cuillerées à soupe d'huile d'olive.

CHUTNEY À L'ABRICOT (canard, faisan, foie gras)

Dans une casserole, portez à ébullition 5 cl de vinaigre blanc et 200 g de sucre en poudre afin d'obtenir un caramel. Ajoutez 250 g d'abricots dénoyautés et coupés en deux, 1 bâton de cannelle et 2 clous de girofle. Faites cuire à feu doux pendant 20 minutes. Laissez refroidir.

CHUTNEY À L'ORANGE (viande blanche)

Dans une sauteuse, mettez 2 oranges à peau fine préalablement coupées en petits morceaux avec la peau. Ajoutez 2 pommes coupées en morceaux, 1 oignon émincé et 125 g de raisins secs blonds. Versez 50 cl de vinaigre blanc, 1 cuillerée à café de gingembre en poudre et 150 g de sucre en poudre. Salez, mélangez, et faites cuire à feu doux pendant 40 minutes en remuant de temps en temps. Laissez refroidir.

CONFIT D'OIGNON OU D'ÉCHALOTE (boudin, foie gras, terrine de viande et volaille)

Dans une casserole, faites fondre 10 g de beurre. Ajoutez 2 oignons ou 10 échalotes émincés finement et faites-les revenir à feu doux pendant 10 minutes. Ajoutez 1 cuillerée à soupe de sucre en poudre, 3 cuillerées à soupe de vin rouge et 2 cuillerées à soupe de vinaigre balsamique. Faites revenir le tout pendant 10 minutes à couvert et à feu doux.

COULIS D'HERBES (lapin, légume, poisson, pâtes, volaille)

Dans une casserole, versez 50 cl de crème liquide. Ajoutez 25 g de persil, 25 g de cerfeuil et 25 g de ciboulette, le tout grossièrement haché. Faites cuire le tout à feu doux pendant 10 minutes. Salez, poivrez et mixez l'ensemble.

COULIS DE TOMATES FRAÎCHES (légume, merguez, pâtes, viande rouge et blanche, volaille)

A l'aide d'un épluche-tomate, épluchez 1 kg de tomates. Coupez-les en 2 et épépinez-les. Dans le blender, mixez les tomates avec 1 gousse d'ail, 1 cuillerée à café de concentré de tomates, 2 cuillerées à soupe d'herbes hachées. Salez, poivrez et mettez au réfrigérateur.

COULIS DE POIVRONS ROUGES (légume, poisson)

Dans une casserole, faites revenir à feu doux 4 petits oignons blancs émincés dans 2 cuillerées à soupe d'huile d'olive pendant 5 minutes. Ajoutez 2 poivrons rouges coupés en dés, 1 gousse d'ail entière et 15 cl de bouillon de volaille. Salez, poivrez et mixez le tout. Incorporez petit à petit 60 g de beurre.

SUCRÉES

COULIS DE FRAMBOISES OU DE FRAISES (glace, salade de fruits, dessert aux fruits rouges)

Mélangez dans une casserole 200 g de framboises fraîches ou surgelées, 100 g de sucre en poudre et 5 cuillerées à soupe d'eau. Faites cuire à feu doux pendant 10 minutes. Mixez et filtrez dans une passoire fine.

SAUCE À L'ORANGE (crêpe, dessert aux fruits ou au chocolat)

Mélangez dans une casserole le jus de 3 oranges, 70 g de sucre en poudre et 2 cuillerées à soupe de Maïzena®. Portez à ébullition en fouettant constamment à l'aide d'un fouet. Laissez cuire pendant 2 minutes à feu doux. Servez cette sauce tiède.

Gardez-la au chaud dans une bouteille thermos.

CRÈME ANGLAISE (dessert au chocolat ou aux fruits, île flottante)

Faites chauffer 50 cl de lait dans une casserole avec 1/2 cuillerée à café de vanille en poudre. Dans un saladier, mélangez 6 jaunes d'œufs avec 125 g de sucre en poudre et incorporez peu à peu le lait chaud, en fouettant constamment. Versez de nouveau ce mélange dans la casserole, et chauffez à feu doux (ne faites surtout pas bouillir) sans cesser de remuer avec une cuillère en bois jusqu'à ce que la mousse de la crème disparaisse. Retirez la crème du feu et versez-la dans un saladier. Remuez de temps en temps jusqu'à refroidissement. Vous pouvez ajouter à la crème le colorant de la couleur de votre choix. Cela donne une couleur à votre crème rigolote !

CRÈME CHANTILLY
(crêpe, dessert au chocolat ou aux fruits, glace)

Dans un saladier, versez 30 cl de crème liquide (40 % de matière grasse) très froide et 50 g de sucre glace. Fouettez la crème rapidement au fouet ou au batteur. Veillez à ne pas trop monter la crème, car elle tournerait en beurre.
Pour la maintenir ferme, mettez au dernier moment 1 paquet de Fixe chantilly Vahiné®.

SAUCE CHOCOLAT (crêpe, glace, tous les fruits)

Faites fondre au four à micro-ondes 150 g de chocolat noir, lait ou blanc, avec 20 cl de crème liquide. Mélangez et servez cette sauce tiède. Gardez-la au chaud dans une bouteille thermos.

SAUCE CARAMEL BEURRE SALÉ
(crêpe, compote, glace, tarte)

Dans une casserole, versez 100 g de sucre en poudre sans eau, mettez sur feu moyen et dès que le sucre caramélise, mélangez. Incorporez 50 g de beurre demi-sel puis 30 cl de crème liquide. Mélangez bien le tout.
En refroidissant la sauce va durcir. Remettez-la un peu au four à micro-ondes afin qu'elle se liquéfie ou gardez-la au chaud dans une bouteille thermos.

LES PLUS DÉCO

LES FILS DE CARAMEL

Dans une casserole, faites un caramel avec 150 g de sucre en poudre et 1 cuillerée à soupe d'eau. Laissez refroidir ce caramel dans la casserole jusqu'à ce qu'il ait une consistance de miel. Trempez alors deux fourchettes collées dos à dos dans le caramel et donnez des coups à droite et à gauche au-dessus d'un papier sulfurisé afin d'obtenir de fins filaments. Continuez jusqu'à ce que ne soit plus possible.

LES CŒURS EN CHOCOLAT

Enveloppez un plateau de film alimentaire. Faites fondre au four à micro-ondes ou au bain-marie 200 g de chocolat noir. Versez-le et étalez-le finement à l'aide d'un pinceau sur le plateau. Mettez le plateau au réfrigérateur le temps que le chocolat durcisse.
Ensuite, retirez délicatement la plaque de chocolat et posez-la sur une planche. Découpez le chocolat avec l'emporte-pièce que vous désirez (cœur, étoile, triangle…).

LES FEUILLES DE BRICK

Pliez des feuilles de brick en 2 et empilez-les. Posez l'emporte-pièce de votre choix (étoile, cœur, rond…) sur la pile et, à l'aide d'un cutter, coupez tout autour. Détachez les formes ainsi obtenues. Dans un bol, mélangez 2 cuillerées à soupe de miel liquide et le jus d'1 orange. Avec un pinceau, badigeonnez les feuilles de brick et déposez-les sur la plaque du four recouverte d'un tapis silicone. Saupoudrez de graines de sésame doré et enfournez pendant 8 minutes à 180 °C (th. 6). Plus elles seront colorées, plus elles seront croustillantes. Laissez refroidir.

LES CERCLES DE PÂTE FEUILLETÉE

Découpez à l'aide d'un cercle ou d'un verre des ronds de pâte feuilletée dans une pâte prête à dérouler.
Posez les ronds sur la plaque du four recouverte d'un tapis silicone, puis humectez légèrement la pâte d'eau avec vos doigts. Saupoudrez de sucre glace (pour du sucré), piquez avec une fourchette et mettez au four pendant 15 minutes à 180 °C (th. 6). Laissez refroidir sur une grille.

Index de A à Z

M

N

P

Q

R

S

T

V

Index par catégorie

Apéritif — Plat principal, Buffet, Pique-nique — Accompagnement

Comme une terrine

Les enfants adorent

Desserts Goûters

La collection de Sophie

Remerciements

À Marie-Claire qui a « haché » à mes côtés pendant 15 jours sans faiblir.

À Françoise Nicol, une photographe sans négatif ! Un plaisir pour les yeux.

À Catherine Madani, une femme de style ! Un vrai talent pour la mise en scène.

À toute l'équipe Minerva qui me « supporte » dans tous les sens du terme.

À la Maison de Sophie, ses clients, son équipe et, particulièrement,
Chloé qui m'a assistée avec talent, disponibilité et beaucoup de patience !

Et, enfin, à mon mari Jacki, auquel je reste et qui me reste fidèle de livres en livres,
un homme « hach'ment » bien !

Catherine Madani remercie chaleureusement : VILLEROY & BOCH, MONOPRIX, DESIGNERS GUILD, STUDIO NOVA, ASA, DÉJEUNER SUR L'HERBE, SENTOU, REVOL, HABITAT, BODUM, LUMINARC, KENZO VAISSELLE, L.Z.T., CÔTÉ MAISON et la SOCIÉTÉ TECHNA pour leur aimable participation à la réalisation des photos des recettes.

Achevé d'imprimer en novembre 2007
sur les presses de l'imprimerie Vincenzo Bona à Turin
Dépôt légal : décembre 2007
Imprimé en Italie